BÊTES FÉROCES,
BÊTES FAROUCHES

"Lettres allemandes"
série dirigée par Martina Wachendorff

Titre original :
Wir haben Raketen geangelt

ISBN 978-2-330-07577-4

KAREN KÖHLER

Bêtes féroces, bêtes farouches

nouvelles traduites de l'allemand
par Isabelle Liber

ACTES SUD

SOMMAIRE

À ma meute.

J'ai essayé de noyer mon chagrin dans l'alcool
Mais il a appris à nager, le maudit!

FRIDA KAHLO

IL
COMANDANTE

MAINTENANT. SAMEDI, DONC. SAMEDI 2 JUIN

Personne. Très bien. J'enlève ma perruque, je prends toutes les pierres qui sont dans la coupe et les mets dans la perruque, je grimpe sur l'estrade en bois, m'accroupis devant l'autel et dépose devant moi la perruque pleine de pierres. Pas seulement une *pierre*, mais tout un *nid de tourments*. J'attrape mon téléphone et je photographie le nid avec une appli polaroïd. Je tape sur : Message. Tape sur : Cesar. Tape sur la petite icône photo. Je charge l'image et j'écris : *I even did my hair for you. I hope they serve banana split in heaven**. Tape sur : Envoyer. Mets la musique. Interprète : Buena Vista Social Club. *Hasta Siempre, Comandante*, volume maximal.

LE LUNDI D'AVANT

Service 14 A, chambre 11, j'ai le lit près de la fenêtre. La psychologue certifiée, assise sur la chaise entre le

* Les passages en langue étrangère sont traduits en fin de volume, p. 265. *(N.d.E.)*

rebord du lit et celui de la fenêtre, me regarde d'un air engageant. C'est sa troisième tentative en sept semaines. Elle dit que je peux la contacter à tout moment. Qu'elle est là pour ça. Que je n'ai pas à avoir honte de ma faiblesse. Derrière elle, des nuages endiablés passent dans l'encadrement de la fenêtre. Elle dit que je peux prendre rendez-vous tout de suite. Qu'elle comprend ma situation et qu'elle a l'habitude des patients dans mon cas. Qu'elle imagine bien ce que je ressens et ce qui me fait peur. Un lapin genre *Playboy* se dirige tout droit sur la tête de la psychologue certifiée. La voilà avec quatre oreilles. Elle dit qu'elle sait bien que, dans une situation comme la mienne, souvent, il est difficile de gérer le quotidien de la maladie et que la relation de couple peut en pâtir. Je regarde par la fenêtre. Le museau du lapin, transformé en serpent, ressort par l'oreille de la psychologue certifiée. Elle dit que je ne dois pas avoir peur de faire appel à ce service proposé gratuitement aux patients et que je peux la contacter si j'ai besoin d'aide.

"Merci. Mais ce n'est pas pour moi", dis-je. Ensuite, la porte s'ouvre et le Dr Kehlmann, médecin-chef, entre pour la visite. Il badine, elle s'éclipse. Enfin. Une souris passe dans le ciel.

"Alors, on se sent comment, aujourd'hui ?" demande le Dr Kehlmann.

La souris se change en teckel.

"Bon, bon. Nous allons voir ça."

Le Dr Kehlmann repousse la couverture et enfile des gants jetables en caoutchouc. Je soulève mon tee-shirt. Nous regardons la poche. Depuis peu, j'ai un trou au milieu du ventre. Sur le trou est collée la plaque, avec un orifice et un obturateur auquel est rattachée la poche de recueil. Dans la poche, il y a ma merde. Le tout s'appelle un appareillage. Un anus artificiel. Je l'ai depuis quatre jours. Je suis chauve – ou plutôt complètement imberbe – depuis vingt-neuf jours. Tom n'a plus donné de nouvelles depuis deux jours. J'ai trente-trois ans et un cancer. *Mais-commentveuxtuquejemesente.*

"Vous vous en sortez avec l'appareillage?" Je hoche la tête. Le Dr Kehlmann retire la poche dans laquelle se trouve mon petit-déjeuner, une bouillie de thé et de pomme. Une odeur à laquelle je ne me suis pas encore habituée se répand dans la pièce. Le Dr Kehlmann tamponne et nettoie l'orifice de sa main libre. "Aah. Mais c'est très beau, tout ça, ça cicatrice très bien", dit-il en examinant la bouche rouge percée dans mon ventre. Un petit bout d'intestin grêle dépasse, suturé en guise d'orifice. Ce gosier me répugne.
"Vous supportez bien la gomme de la plaque?
— Je crois, oui.
— Pas de démangeaisons?
— Non.
— Très bien. Notre stomathérapeute va passer vous montrer comment changer toute seule le dispositif dans les mois à venir.
— Elle est déjà passée.
— Ah bon. Bon. Une fois que vous serez sortie, elle viendra à domicile vous apporter les accessoires."
Le Dr Kehlmann s'approche du lavabo et vide la poche. J'imagine la stomathérapeute assise sur notre canapé, face à Tom et moi, en train d'essayer de nous fourguer des poches et des plaques comme si elle vendait des aspirateurs.

"Ça va bien se passer. C'est en forgeant qu'on devient forgeron. Dans quelques mois, vous serez une vraie pro. Vous ne voudrez plus vous en passez…" D'une main experte, le Dr Kehlmann fixe la poche à l'obturateur.
Je ne veux pas devenir pro. Je veux mon ventre d'avant. Sans trou dedans. Je veux mes cils, mes sourcils et mes cheveux longs. Je veux que Tom soit allongé à côté de moi et me blottir contre lui.
Le Dr Kehlmann baisse mon pantalon et refait le pansement de la plaie qui court d'un bout à l'autre de mon abdomen, avec, dedans, un tuyau auquel est rattachée une autre poche pour le drainage des exsudats.
"Appelez-moi Mme Marsupial."
Le Dr Kehlmann rit et examine la cicatrice. Dessous : le reste de mon gros intestin abandonné, désormais inutile et, espérons-le, sans carcinome.
"Ça m'a l'air très bien aussi. Nous allons bientôt pouvoir retirer le drain."
Il jette un œil au dossier qu'il a apporté, prend des notes et dit qu'ils ont eu les résultats des ganglions lymphatiques. Diagnostic : pT3pN2. Qu'il va par conséquent falloir songer à d'autres traitements. Que nous allons prendre un rendez-vous pour cette semaine et discuter de tout ça en détail. Qu'il doit d'abord en parler avec ses collègues pendant la réunion de concertation. Que l'infirmière me préviendra de la date du rendez-vous. Que ce sera sûrement mercredi. Mais que ce n'est certainement pas une raison de perdre…
D'autres traitements, quels traitements, comment peut-il y avoir encore autre chose après six semaines de chimiothérapie, je croyais que c'était terminé,

ça, qu'est-ce que c'est que cette histoire, pT3pN2, attends, N2, ça veut dire plus de trois ganglions voisins, c'est mauvais signe, ou pas, est-ce que mon sang est touché aussi, est-ce que ça va aller, mais pourquoi est-ce qu'il ne dit rien, et le foie, le pancréas, qu'est-ce qu'il dit, FOLFOX, quoi FOX, où est-ce que ça va encore aller se loger, cette saloperie, comment ça, d'autres traitements, et pourquoi au pluriel, et puis encore du 5-FU, en ambulatoire ou avec hospitalisation, on m'installera un port au-dessus du cœur, comment ça, un port, un port en bord de mer, attends…
Mais avant que j'aie pu ouvrir la bouche, il a déjà disparu ; dans le ciel, un cheval passe au galop.

MARDI

La clinique porte le nom d'un dieu grec. Un haut bâtiment marron, vilain, qui ne se donne même pas la peine d'avoir de l'allure. Planté en pleine ville comme un outrage inutile, avec des vitres sur toute sa façade. Vingt et un étages. Je fixe la barre marronnasse en essayant de retrouver la fenêtre de ma chambre. C'est la première fois depuis des semaines que je sors du bâtiment. Une nouvelle voisine de chambre s'est installée hier et les visites défilent. Le mari, les parents, la sœur, les enfants, les amis. Ça ne désemplit pas. Du coup, je suis descendue jusqu'au lac. Enfin, le lac… Disons plutôt l'étang. La mare. Sept canards et un héron cendré prennent le soleil. Les rhododendrons sont en fleur. Les arbres bruissent. Certains éparpillent autour d'eux leurs peluches blanches. Je pense : *fleurs de coton.*

Je m'assieds sur un banc, au bord de l'eau. J'effleure l'écran du doigt. Déverrouiller. Je saisis le code. Tape sur : Téléphone. Liste d'appels. Tom. Ça sonne. Encore la messagerie. J'essaie de paraître détendue. Le terrain d'atterrissage de l'hélicoptère surplombe le lac, menaçant. Il peut arriver n'importe quoi à n'importe quel moment – un accidenté de la route au pouls de plus en plus faible, un sac isotherme avec les organes d'un mort.
Le héron cendré décolle sans prévenir. Je raccroche.

Je retourne à petits pas vers l'entrée principale. Une femme très enceinte se dandine dans ma direction aux côtés du futur papa. La maternité, le *Nid de la cigogne*, est juste à côté, dans un complexe de bâtiments moins grand et plus pimpant. Je souris devant son ventre et ne peux pas m'empêcher de penser : *chocolat fourré*. Elle me regarde d'un air compatissant, il détourne les yeux, tous deux passent sans dire bonjour. Je sais bien à quoi je ressemble. Pâle. Bouffie. Malade. Quand j'arrive enfin devant l'entrée principale, mon turban est trempé de sueur et sous le pull de Tom, mon teeshirt colle à ma peau. Sous les deux poches se dessinent de petites rigoles.
Dans l'abri fumeur, j'aperçois un cancéreux. Nos regards se croisent. Le sien dit le dédain, le mien l'incompréhension. Je bifurque pour entrer dans le bâtiment et, comme j'ai soif, je fais un détour par le café de l'hôpital, qui porte le nom très original de *Café Bistro*. Un chevalet se dresse devant la porte. En plat du jour : escalopes.
Quand la serveuse vient prendre la commande, je lui demande un verre d'eau du robinet.

“Rien d’autre ?” Elle me regarde.
“Je le paie, s’il faut, dis-je.
— C’est bon, dit-elle, mais que ça ne devienne pas une habitude.”
Je secoue la tête.
Le café de l’hôpital pourrait être celui d’un hôtel, au bord de la Baltique, qu’on n’aurait plus rénové depuis les années 1990. Devant une baie vitrée semi-circulaire sont disposées six tables, plateau en stratifié et pieds en acier, chacune avec quatre chaises assorties. Au milieu de la salle, on a regroupé plusieurs tables de deux autour d’une colonne. Ce sont les moins convoitées. Les places près de la fenêtre sont toujours occupées en premier. Sur chaque table, des porte-cartes pour les glaces et le menu, avec des vases blancs où de petits bouquets de fleurs en plastique tentent en vain de faire le printemps. Je ne suis pas seule, il y a encore cinq autres clients dans le café. Deux assiettes de gâteaux dans une seule main, la serveuse passe en coup de vent et dépose le verre d’eau sur la table en susurrant un *Et voilà pour vous.*

C’est là que je le vois : un monsieur d’un certain âge, qui se faufile en fauteuil roulant dans le café. Le bonnet en laine qu’il porte sur la tête peine à contenir ses boucles noires, et ses yeux disparaissent derrière une grosse paire de lunettes à la mode. Maladroitement, mais sans hésitation, il avance vers une table près de la fenêtre, un sourire au milieu des épais frisottis de sa barbe grise. Mais qu’est-ce qu’il a à sourire, ici, à l’hôpital, qu’est-ce qui peut bien le mettre de si bonne humeur ? Il surpasse tout ce que j’ai vu ici ces dernières semaines, tu parles, il surpasse même pas mal de ce qui se trouve en dehors de cet

hôpital. Impossible de détacher mon regard de lui. Cet homme ne peut pas être malade.
“*Hello, my friend*, lance le cuisinier du Café Bistro à son intention.
— *Buenos dias, amigo*”, dit l’homme et, tant bien que mal, il repousse une chaise pour accéder de haute lutte à la place la plus proche de la fenêtre. Créneau en vingt-sept manœuvres.
“*What can you offer me today?*” Sa voix est un instrument de musique, puissant et profond.
“*Fish and* frites-salade ? baragouine le cuisinier.
— *Pescado y patatas fritas, muy bien*, c’est parfait”, dit l’homme en posant son smartphone sur la table. Il porte plusieurs bagues en or aux doigts de la main gauche, et des pierres précieuses brillent à ses oreilles. Autour de son cou, un foulard qui ressemble à l’Union Jack. Un jogging quelconque disparaît sous une couverture en laine, un sac banane est posé sur ses genoux. En haut : un tee-shirt délavé de couleur claire et une veste bleu foncé. Il regarde de mon côté.
Ce n’est pas comme si les conversations allaient bon train auparavant. Mais maintenant, maintenant tout le monde a les yeux rivés sur ce pépé pop star pas banal. Qui, derrière ses lunettes de pop star pas banales, me regarde. Je tente un sourire.

C’est comme ça qu’on s’est rencontrés.

MERCREDI

Le Dr Kehlmann ne tourne pas longtemps autour du pot. On a trouvé des cellules malignes dans quatre des seize ganglions, ce qui veut dire que le carcinome a déjà essaimé et qu'il est nécessaire d'entamer d'autres traitements aux cytostatiques. Il dit qu'ils ne veulent pas courir de risque et qu'il faut être absolument certain que toutes les cellules cancéreuses se trouvant dans l'organisme ont bien été éliminées. Qu'il faut donc opter pour un médicament plus agressif. La proposition consiste en un traitement ambulatoire selon le protocole FOLFOX, puis, après une interruption de trois semaines, en une nouvelle chimiothérapie à base de 5-FU, puisque je l'ai bien supportée jusque-là. Ambulatoire, dit-il, parce qu'on va m'installer un port, une sorte de station d'accueil qu'on aura reliée à une veine au-dessus du cœur et dans laquelle on injectera la chimiothérapie pendant les mois à venir. Il dit que je pourrais aller récupérer la dose hebdomadaire dans un cabinet médical voisin, que le médicament se porte autour de la taille avec une petite pompe, qu'un tuyau rejoint le port *via* une canule et que, de là, le produit est diffusé en continu dans l'organisme. Il dit que l'opération est prévue pour la semaine prochaine, qu'on m'indiquera le rendez-vous exact. Que l'avantage de ce port, c'est que dans les mois à venir, je pourrai mener une vie pratiquement autonome. Que j'en aurai fini dans six à neuf mois, au plus tard. Et que si tout va bien, c'est-à-dire si l'organisme réagit bien au traitement, on pourra alors retirer l'anus artificiel et restaurer le côlon.

Dans l'ascenseur qui me conduit au rez-de-chaussée, tout est cotonneux. Et comme je me suis trompée de bouton, je descends jusqu'en bas. Au sous-sol. Mais je ne m'en aperçois qu'une fois sortie de l'ascenseur, qui repart aussitôt. Devant moi, un couloir sale. Un panneau indique vers la gauche le chemin qui mène à la réserve de lits. Oh oui. C'est là que je veux aller. Sans aucun doute. Je suis si fatiguée. Les panneaux me conduisent jusqu'à une grande salle remplie de lits d'hôpital sans draps. Je me demande quels sont ceux dont les occupants ont rendu leur dernier souffle et m'allonge sur l'un de ceux qui, selon moi, n'a pas encore fait office de lit de mort.

Je suis debout à la fenêtre d'une grande tour, et de mon ventre sort un tuyau que je laisse pendre par la fenêtre. Tom est en bas de la tour. Il essaie de grimper jusqu'à moi le long de ce mince tuyau, mais le tuyau grandit, s'allonge encore et encore, et Tom retombe chaque fois par terre, tandis que je reste coincée en haut à hurler de douleur. Je rêve encore tout en me disant que ce serait du pain bénit pour la psychologue certifiée, quand un infirmier me réveille. "Mais qu'est-ce que vous faites dans ce lit ? Vous ne pouvez pas rester dormir ici." Je reprends mes esprits et m'éclipse.

Mon regard passe de l'un à l'autre des six ascenseurs qui refusent de venir et se pose sur le mot *Chapelle.* Le panneau est assorti d'une flèche vers la droite, et je suis la direction indiquée, incapable de croire qu'il puisse vraiment y avoir une chapelle dans cet endroit. Et pourtant : *Messe dimanche prochain à 10 h 15.* Un livre d'or est posé sur un pupitre, à l'entrée du vestibule. Des symboles chrétiens ornent les murs. À droite, un couloir en forme de spirale débouche sur une pièce circulaire, le chœur de la chapelle. Le lieu est clair, convivial. L'autel, éclairé par un lanterneau, se dresse sur une estrade circulaire en bois.

De l'autre côté de la pièce, des chaises sont disposées en demi-cercle. Je m'assieds et tends l'oreille. Bruit de ventilation. Devant moi, il y a une petite table avec une coupe et, dans la coupe, des pierres. Derrière l'autel, des cordes tendues entre le sol et le plafond servent de support à des carrés dorés qui renvoient la lumière selon des angles toujours changeants. C'est très beau. Je compte les cordes. Quatorze. Chaque corde soutient vingt et une petites plaques dorées. Ça fait deux cent quatre-vingt-quatorze. Est-ce que c'est un nombre chrétien ? Je m'apprête à faire une photo, me rends compte que j'ai reçu un message de Tom.
Donne-moi du temps. Tom

Je me lève et prends n'importe quoi en photo. Une bougie. Clic. L'autel. Clic. Le plafond. Clic. L'orgue. Clic. La salle. Clic-clic-clic. Des pivoines. La Bible. Clic-clic. Au mur, un bas-relief représente un malade à terre et un personnage valide qui l'aide à se relever. Sauf qu'on dirait plutôt que le personnage valide repousse le malade. Clic.
Des prospectus sont posés sur la table, à côté de la coupe de pierres.
Rencontrer Dieu.
Vous avez de la peine ? Des soucis ? Le cœur lourd ? Prenez une pierre dans la coupe et laissez s'exprimer votre douleur, votre angoisse, tout ce qui vous pèse, afin de l'enfermer dans cette pierre. Dieu est là pour porter votre fardeau. Il peut vous aider à vous sentir plus léger. Déposez votre "tourment en pierre" dans la coupe qui se trouve sur l'autel. Lors de la prochaine messe, une prière sera dite pour chacune des pierres qui sont dans la coupe.

Vous avez un souhait ? Prenez une feuille, un peu de temps et écrivez votre souhait. Dieu est tout ouïe. Il vous écoute vous aussi.

Je ne crois pas à ce genre de choses, je ne crois pas qu'il en ressorte quoi que ce soit, mais je prends quand même une pierre, une feuille et un crayon, et m'assieds sur l'estrade.

Dans la pierre, j'enferme ma poche. Ma merde. Ma peur. Le cancer au grand complet. Dans la pierre, j'enferme les états d'âme de Tom. Mon chagrin. Mes cils perdus. J'enfonce et enferme dans la pierre tout ce qui est mauvais. Ensuite, j'écris AMOUR sur la feuille de papier et je la plie en deux tout en me disant que j'ai été bien bête, que j'aurais mieux fait de me souhaiter une santé de fer. Je m'approche de l'autel, pose la feuille et la pierre dans la coupe et regarde la page à laquelle la Bible est ouverte. Jean, XXI, 1 : *L'apparition sur les rives du lac.*

Lac, c'est ce que je pense.

Évidemment, c'est là qu'il est assis. Au bord de l'eau, au soleil, la tête renversée en arrière et la bouche grande ouverte. Le pépé à lunettes de pop star pas banal dans son fauteuil roulant. On dirait qu'il lance un cri muet vers le ciel. Cette fois-ci, il a sur la tête quelque chose qui ressemble à une casquette de capitaine ; pour le reste, c'est le même déguisement qu'hier. L'Union Jack est en fait une bannière étoilée, je m'en aperçois maintenant.

“*Hello*, dit-il quand je passe devant lui.

— *Hello*, dis-je en m'arrêtant.

— *Hola, beautiful donna, come va ? It is such a nice day, si ? Why don't you take a piccolo* pause ? *Would you like to sit on the bench ?*”

Pourquoi pas.
“*Why not*, dis-je.
— *¿Hablas español?*
— Non, dis-je. *I don't speak Spanish. But a little Italian. Posso parlare un po italiano.*
— *Italiano, muy bien. Buongiorno.*
— *You want me to push you?*” dis-je en faisant déjà mine de passer derrière la chaise roulante pour le pousser, mais il penche la tête de côté et me demande si j'ai perdu la boule, après quoi il s'acharne sur les roues du fauteuil et se démène pour arriver à côté du banc, puis lance à nouveau son cri silencieux vers le soleil. *“Ohhh, it's so good, the sun.*
— *What are you doing?*
— *I am drinking the sunlinght.*
— *What?*
— *Try it. This is good, Baby.*”

Au point où j'en suis, j'ouvre le bec et, effectivement, c'est bon de sentir le soleil réchauffer ma bouche de l'intérieur. Mais le mieux, c'est de faire quelque chose de bizarre. D'inhabituel. Quelque chose que les autres ne font pas. Quelque chose qui passe outre l'isolement de la maladie.
“*Good*, hein ?
— *Gnhm.*
— *Baby, can you feel it?*
— *I can feel* une crampe dans la mâchoire, dis-je au bout d'un moment.
— *Yeah.*”
Nous nous mettons à rire, des rires comme des hoquets, nous ne pouvons plus nous arrêter, les éclats de rire s'amplifient, nous nous tordons de rire, les muscles de mon ventre me font mal, mais nous

continuons quand même à ouvrir grande la bouche pour boire le soleil, jusqu'à ce que les larmes viennent et que mes rires se changent en pleurs.

Une fois la crise passée, j'ai de la morve au nez et sur toute la figure. Il me donne un mouchoir. Qui ne suffit pas. Puis un autre.
"Why are you so sad, Baby?"
Pourquoi est-ce que je suis triste. Il est marrant.
"I have cancer." Imbécile.
"Yeah, I can see that." Sans blague.
"I might die", dis-je dans une tentative d'explication. Mais il se contente de rire de son rire explosif.
"You will die for sure, Baby. We all will… My name is Cesar, and I am happy to have met you before you died."

Une heure plus tard, me voilà à pousser vers l'entrée principale le fauteuil de mon nouvel ami au son de la musique de son smartphone, *Love's Theme* de Barry White. Entre-temps, j'ai appris qu'il était de mère colombienne et de père américain, et né à Cuba : je le baptise le *Comandante*. Je sais aussi qu'il a vécu à New York et à San Francisco. Qu'il a été marié deux fois et que sa deuxième femme est morte il y a quatre ans. Le Comandante a soixante-douze ans, il est à l'hôpital depuis deux semaines, et c'est sa première hospitalisation. Son lit se trouve dans le service 12, chambre 5. Nous avons échangé nos numéros de portable. Et maintenant, nous allons manger une glace.

Je manœuvre le fauteuil du Comandante vers la fenêtre, jusqu'à sa table attitrée, qui vient juste de

se libérer et, avec un geste en direction des WC, je préviens que j'en ai pour une minute. Une fois aux toilettes, je m'agenouille devant la cuvette, dévisse l'obturateur de la poche et laisse s'écouler le contenu – il n'y a pas grand-chose, mais je ne veux pas prendre de risque.
Quand je reviens m'asseoir, deux *Variations glacées au banana split* attendent sur la table et Cesar a déjà une cuillère dans la main.
"My favourite !" dit-il, et il se jette sur sa glace.

JEUDI

J'ai dormi toute la matinée, la journée d'hier m'a vraiment épuisée. À vrai dire, je ne devrais pas passer tant de temps assise, et encore moins m'amuser à pousser des fauteuils roulants.

"Vous n'avez pas touché à votre déjeuner, constate mon infirmière préférée en me vouvoyant. C'est déjà le troisième jour sans déjeuner et sans dîner. Du thé et une pomme par jour, ce n'est pas ce qui va vous remettre sur pied.
— Je sais, dis-je. *An apple a day keeps Kehlmann away.*" Elle rit.
"Mais si ça continue comme ça, je vais être obligée de le signaler. (Elle me fait un clin d'œil.) Qu'est-ce qui vous arrive ?
— Je n'ai pas faim", dis-je. Elle s'assied sur le rebord de mon lit.
"Qu'est-ce qu'il y avait au menu, aujourd'hui ? demande-t-elle.
— Aucune idée, je n'ai pas regardé."

Ce n'est pas pour rien que c'est mon infirmière préférée. Elle soulève le couvercle en plastique, fait une grimace et déclare : "À mon avis, vous n'avez rien raté." Ensuite, elle débarrasse le plateau et revient avec une barre chocolatée.
"Tu as besoin de force. Mange au moins ça."
Je fais oui de la tête et déchire l'emballage, elle me fait un petit signe de la main et referme doucement la porte. Je mords dans la barre chocolatée même si, depuis peu, la nourriture me dégoûte. La poche se gonfle quand je mange, on voit tout, on peut deviner ce que c'était précisément, cette bouillie multicolore à laquelle se mêlent parfois même des bulles d'air. L'avantage, c'est que je ne pète plus.
Je comprendrais que Tom ne veuille plus de moi. J'imagine qu'il est peut-être parti en cachette, qu'il a pris ses affaires et quitté l'appartement parce qu'il ne peut plus supporter de vivre avec moi. Parce que je suis devenue laide, malade et indigente. Je l'imagine dire à son meilleur ami que ça ne va plus entre nous. Déglutition. Voilà. La barre chocolatée est dans mon ventre, bientôt dans la poche.
Ding-ding. Un message du Comandante.
Ready for dessert? Cesar
Si, Comandante. I need a coffee. Meet you in 10 minutes @ Café Bistro?
Yeah, Baby.

Dix minutes plus tard, j'entre comme prévu dans le café de l'hôpital : Cesar est déjà assis à sa place habituelle près de la fenêtre. Mais comment est-ce qu'il se débrouille. Toutes les autres tables sont prises. Comment se débrouille-t-il pour avoir toujours la même place.

“*Hello, my sweetheart*, dit-il en soulevant sa casquette de capitaine pour me saluer.
— Oh capitaine, mon capitaine”, dis-je en m’asseyant face à lui.
Le cuisinier apporte un banana split et le dépose devant Cesar qui se frotte les mains. Incroyable, il avale un machin comme ça par jour ou quoi.
“*Por favor, señor Cesar.*
— *Gracias.*
— *De nada.* Et pour madame?
— Un expresso, s’il vous plaît.
— Avec plaisir.
— *How are you today, sweetheart?*
— Couci-couça. *And you?*
— *I am happy*”, dit le Comandante, et il sourit dans sa barbe.
Ding-ding. Un message de Tom.
“Fucking hell, I love this shit.” Cesar avale une cuillérée de chantilly après l’autre.
Je viens ce samedi. Comment tu te sens? Tom
Comment je me sens, ça ne rentre pas dans un SMS.
Cesar me regarde.
“*Bad news?*
— *No. Good news.*
— *Why are you sad then?*
— Et voilà. Un expresso pour madame.
— Merci.
— *Gracias.*
— Avec plaisir.
— *I am not sad, I am mad with my boyfriend.*
— *Why?*
— *He did not show up for a while.*”

Ensuite, le Comandante veut tout savoir, comment s'appelle mon petit ami, ce qu'il fait dans la vie, depuis combien de temps nous sommes en couple, quand est-ce que nous avons emménagé ensemble. Je raconte qu'il n'est pas venu depuis cinq jours, que j'ai la trouille qu'il me quitte à cause du cancer et de la poche, que je suis laide maintenant, et qu'en ce moment même, il doit sûrement être en train de se chercher une autre petite amie, une qui soit en bonne santé, sans poche et jolie. Le Comandante dit que tout ça ne doit pas être facile pour Tom non plus et il demande si j'ai des photos de nous. Bien sûr que j'en ai, j'en ai plein mon téléphone. Des photos par milliers. Je lui montre celles de nos vacances, l'an passé. Nous étions en Crète. Tom dans une taverne avec un verre d'ouzo. Tom en train de lire. Un paquet de sucre grec. Mes pieds dans la mer. Tom et moi sur un ferry, mes cheveux volent dans le vent et nous sommes heureux. Moi en deux-pièces sur un rocher. Une fleur. Moi en train de manger une glace en bâton. Tom à côté d'un âne.
"*He's coming on Saturday*, dis-je.
— *Tell him, you are happy to see him soon. Just do it.*"
À vos ordres, capitaine. Je tape docilement *Hâte de te voir* et appuie sur Envoyer.
"*Hey! You are a very pretty woman.*
— *Not anymore.*
— *Your hair will grow back.*
— *Don't know. I'm going to get more chemical treatment.*
— *You will be alright.*"
À vrai dire, je ne sais pas si je vais vraiment être *alright*.

"Look at me", dis-je en enlevant mon turban, et je me fous bien qu'on soit dans un restaurant et que Cesar ait une coupe de glace devant lui, je soulève aussi mon pull-over et lui montre la poche. Ensuite, je demande à Cesar s'il peut s'imaginer faire l'amour à une femme imberbe qui a une poche comme ça sur le ventre.
Il se tait. Je bois mon expresso.
"*You see*, dis-je.
— *Wait*, dit-il et il fait un signe au chef. L'addition, s'il vous plaît !" Il paie, puis démarre.
"Vamos ! Pronto, pronto !" Cesar traverse le hall d'entrée, dépasse l'accueil, continue, passe devant la boîte aux lettres et les machines à café, dépasse le kiosque à journaux et tourne à gauche juste derrière, direction : le coiffeur et ses perruques. À peine le temps de dire ouf qu'il est déjà dans le magasin.
"*No ! Cesar, no !*
— *Just try one.*
— Cesar, merde, je ne veux pas de perruque, ça gratte, *it's itchy*, et *look, they are all very, very ugly.* Rien que des perruques de mémé. *You understand ? Grandma style.*
— Bonjour, je peux vous aider ? demande la vendeuse.
— Nous voulons une cheveux, dit Cesar, *but* jolis cheveux, *not* coiffure de mémé *for this Lady.*"
La vendeuse fronce le sourcil, puis me regarde et demande : "Quelle longueur souhaiteriez-vous ?
— Mi-longs", dis-je et le Comandante sourit.

Nous avons choisi une coupe au bol brun foncé. Bon, ça fait quand même perruque, mais en même temps, c'en est une. Le Comandante trouve que je ressemble à Uma Thurman dans *Pulp Fiction*. Nous

sommes assis dehors à l'ombre d'un peuplier, sur un banc près du lac, moi avec mes nouveaux cheveux, et nous cherchons une tenue chic pour mon rendez-vous galant avec Tom, ce samedi. Nous regardons tous les deux sur nos téléphones et parcourons des pages et des pages de robes et de chaussures. Cesar propose pour rire une espèce de saucisson rose vif.
"That'll do." Nous pouffons.
Je finis par trouver une robe d'été qui me plaît et qui est assez ample pour cacher la poche sans pour autant ressembler à un sac.
"Yeah, Baby."
Je clique sur *Ajouter au panier*. Maintenant, il me faut encore des chaussures. Je choisis des ballerines unies, hop, dans le panier. Autre chose ?
"Some make-up, maybe ?
— Bingo, sweetheart."
Je sélectionne un eye-liner, du mascara – que je supprime, pour maquiller quoi, ah ah –, clique encore sur une ombre à paupières et un rouge à lèvres rouge vif. L'addition, s'il vous plaît. Je choisis *Livraison express* et j'indique comme adresse celle de l'hôpital, avec le service et le numéro de la chambre. Terminé. Nous sommes ravis.
"I love the Internet, dit Cesar en tirant un joint de son sac banane. *Do you smoke ?"*
Le ciel est bleu. L'herbe est verte. Le soleil brille. Je hoche la tête, et puis je fais une photo de nous.

VENDREDI

Mon infirmière préférée m'apporte le petit-déjeuner et mes médicaments.

“Waouh ! Ça te va bien !
— Merci.” Uma Thurman secoue ses cheveux. “L’intervention pour le port, ce sera lundi matin à 8 heures.
— Bon.
— Le Dr Kehlmann va passer pour la visite et il en reparlera. Voyons, qu’est-ce que nous avons là, de la bouillie, du thé et une pomme. Quand je reviens pour débarrasser, je ne veux plus rien voir sur le plateau, c’est compris ?
— OK !
— Ah, voilà quelqu’un qui est enfin de bonne humeur, Dieu soit loué ! Ce doit être ton nouvel ami”, dit-elle en apportant à ma voisine son petit-déjeuner, composé comme le mien de bouillie et de thé. Cancer de l’estomac.
“Mon nouvel ami ?
— Il y a des bruits qui courent”, répond l’infirmière avec le petit clin d’œil de circonstance.

Le temps d’avaler mon petit-déjeuner, et le Dr Kehlmann arrive. Il admire ma perruque, regarde où en est la cicatrice et m’explique l’intervention qui va avoir lieu. Il dit que je lui plais mieux comme ça, qu’un esprit combatif, c’est important pour lutter contre une maladie comme le cancer. Ensuite, c’est au tour de ma voisine. Je mets mes écouteurs, la musique entre dans ma tête et mon regard va courir au-dehors. Au bout de la playlist, j’effleure l’écran du téléphone, saisis le code, tape sur Message, tape sur Cesar et écris : *Hola Comandante, would you like to go to church with me ?*
Quelques minutes s’écoulent, puis le *ding-ding* retentit.

Church ?
Pick u up in 10 minutes.
Okay, sweetheart.

Je disparais derrière le rideau et fais une toilette de chat devant le miroir, vide la poche, nettoie le lavabo, me lave les dents, me passe un coup de déo sous les aisselles et renfile ma tenue d'hôpital : tee-shirt et sweat de Tom, avec un caleçon long à moi. Cheveux en place. C'est parti.
Quand j'entre dans sa chambre, le Comandante est assis dos à la porte ; il regarde par la fenêtre. Quelque chose a changé, mais je ne sais pas quoi. La casquette de capitaine est en place. Les chaussettes fluo étincellent. Les bracelets en or tintent à ses poignets.
"*Are you okay ?* dis-je.
— *Yes, very much okay. Muy bien.* Tout va bien, dit-il en se retournant.
— *Let's go then.*
— *Nice haircut.*"
J'attrape le fauteuil roulant et il demande où nous allons. "À l'église, j'avais prévenu." Il rit. Il refuse de croire qu'au sous-sol de l'hôpital, il y ait non seulement la réserve de lits, mais aussi une petite église. Dieu niveau -1. Il pense que je le mène en bateau et se marre comme une baleine. Mais quand nous arrivons devant l'entrée, il se tait. Je le pousse jusqu'au milieu de la salle, et ses yeux se remplissent de larmes.
"*Beautiful. Very beautiful. Thank you.*"
Ensuite, je lui explique cette histoire de pierres et de feuilles, et il veut absolument les deux. Assis, pleinement concentré, il serre dans ses mains la pierre qu'il a choisie. Ensuite, d'une main tremblante, il écrit *Muchas gracias* sur une feuille, et je dépose pour lui

la pierre et la feuille dans la coupe placée sur l'autel, il ne peut pas aller jusque-là avec son fauteuil. Dans la coupe, il n'y avait encore que ma feuille et ma pierre.

En sortant, nous écrivons un mot de remerciement dans le livre d'or que nous feuilletons. Je lui traduis les différents messages. Beaucoup demandent la guérison. Quelques-uns de ceux qui ont écrit ont perdu un proche. Nous sommes émus par le message d'un couple dont le bébé est mort peu après la naissance. Heureusement, cette fois encore, Cesar a des mouchoirs sur lui.
"Do you have children? dis-je.
— *No"*, répond-il tristement.
Sur le chevalet du Café Bistro, c'est encore jour d'escalopes. Notre table est libre, nous en prenons possession, nous connaissons la carte par cœur et commandons une salade pour moi et un filet de poisson avec des frites pour Cesar. En dessert, un banana split et un expresso. Ensuite, nous filons jusqu'à mon service pour voir si le paquet est arrivé. Je dois redemander dans la soirée. Nous décidons de faire une petite sieste digestive, puis, l'après-midi, une promenade jusqu'au lac.

SAMEDI 2 JUIN

Réveillée tôt. Je me suis lavée et j'ai enfilé la nouvelle robe avant la distribution des plateaux de petit-déjeuner. J'ai peigné la perruque, je me suis maquillé les lèvres en rouge et je porte aux pieds les nouvelles ballerines. Il faut absolument que je montre ça au

Comandante. Je tire sur le cordon ouvre-porte, rejoins l'ascenseur, deux infirmiers que je connais viennent dans l'autre sens et font *Waouh*, je souris et descends jusqu'au service 12.
J'ouvre la porte de la chambre et affiche un sourire rayonnant qui s'efface aussitôt quand je constate qu'il n'y a plus de lit dans la chambre. J'ai dû me tromper de – non, c'est bien là. Mais où est le Comandante ? Déverrouiller le téléphone. Saisir le code. Contacts. C comme Cesar. Appeler. Il ne répond pas.
Direction : le bureau des infirmières. Bonjour, je cherche le monsieur de la chambre 5. Il y a eu des complications. Changé de service ? Où ça ? Soins intensifs. Soins intensifs ? Oui, 15A. Tirer le cordon. Ouvrir les portes battantes. Ascenseur, merde, pourquoi est-ce justement maintenant qu'aucun ne vient, excusez-moi, est-ce que vous pourriez me dire comment va Cesar, le vieux monsieur avec les chaussettes fluo ? On me demande si je suis de la famille, non, alors pas de renseignement. Mais il n'a personne d'autre ! Je crie. Le cœur a lâché. Quoi ? Non. Ça ne se peut pas. C'est impossible qu'il. Non. Non. Non. Non. Non. Hier, nous étions encore assis ensemble au bord du lac et nous avons écouté Buena Vista Social Club sur son téléphone. Mort, le Comandante ? Non. Pas possible. On me demande de partir. Des feuilles bruissent dans ma tête, une forêt entière qui bourdonne, et des serpents s'enroulent au fond de ma gorge.

Clac-clac. Cordon. Porte. Ascenseur. *Ding-ding*. Un message de Tom : *Tu es où ?*

Tom et moi tournons au bout du couloir. Il me tient la main. Personne. Très bien. J'enlève ma perruque, je prends toutes les pierres qui sont dans la coupe et les mets dans la perruque, je grimpe sur l'estrade en bois, m'accroupis devant l'autel et dépose devant moi la perruque pleine de pierres. Pas seulement une *pierre*, mais tout un *nid de tourments*. J'attrape mon téléphone et je photographie le nid avec une appli polaroïd. Je tape sur : Message. Tape sur : Cesar. Tape sur la petite icône photo. Je charge l'image et j'écris : *I even did my hair for you. I hope they serve banana split in heaven*. Tape sur : Envoyer. Mets la musique. Interprète : Buena Vista Social Club. *Hasta siempre, Comandante*, volume maximal. Pour toujours. Paupières closes.

COW-BOY
ET
INDIEN

Devant moi, un Indien. On n'est pas dans la zone piétonne d'une petite ville d'Allemagne. Il n'y a pas non plus de flûtes de Pan, et je n'entends nulle part *El Condor Pasa*. Je suis dans la vallée de la Mort, assise sur un rocher à côté d'une station-service, la seule sur cette portion d'autoroute, et devant moi se dresse un Indien. Il porte une coiffe à plumes, une tunique avec, en plastron, un motif géométrique formé par de longs bâtonnets en os, des mocassins brodés de perles et une paire de lunettes d'aviateur dans lesquelles je vois mon reflet. Je me dis que je divague, je me dis que l'Indien est dans ma tête. Je ferme les yeux, brûlés par la poussière du désert.
Va-t'en, l'Indien, dis-je, *tu es seulement dans ma tête.* Mais l'Indien ne s'en va pas, l'Indien parle. Il dit que ma tête a la maladie du soleil et que je dois boire. J'ouvre les yeux, l'Indien lève la main et je m'attends à ce qu'il fasse *"Hugh"*, mais il se contente de me tendre une petite bouteille d'eau à moitié pleine.

Ne bois pas trop vite, dit l'Indien.
OK, dis-je.
Où est-ce que tu vas ? demande l'Indien.
Chez moi, dis-je.

Et ça se trouve où ? demande l'Indien.
Bonne question, dis-je.
Tu es toute seule ici ? demande l'Indien.
Oui, dis-je.
Ensuite, nous nous taisons. Je suis assise et je bois lentement, l'Indien est debout et il me regarde. Un vent chaud balaie le plateau. Il fait rouler un virevoltant hérissé de ronces. Des cactus se dressent ici et là. Au loin, un rapace pousse son cri. L'autoroute ondule jusque dans la vallée, rampe vers nous comme un serpent aux reflets chatoyants. Je me suis battue contre lui et j'ai échappé à son emprise.

Une fois la bouteille vide, l'Indien me demande d'ouvrir ma main gauche. J'obéis, il dépose quelque chose au creux de ma paume et referme mes doigts dessus en disant : *C'est une larme de la Terre Mère.* Une larme. De la Terre Mère. – Cet Indien n'existe pas. Pas plus que cette larme maternelle au creux de mon poing. Je veux me réveiller maintenant, je veux me retrouver dans mon lit, je veux que ce soit l'hiver et que l'Indien et ce foutu désert ne soient qu'un rêve. Mais quand j'ouvre la main, il y a vraiment au creux de ma paume cette pierre, cette larme maternelle. C'est un quartz sombre, gros comme un grain de café.
D'accord, dis-je, *pourquoi est-ce que la Terre Mère pleure des cailloux noirs ?* Mais l'Indien est parti, et ma tête, magma bourdonnant dans son étau de douleur, a la maladie du soleil.

Enfant, j'ai toujours été du côté des Indiens. Même quand tous les garçons du voisinage jouaient aux cow-boys et me tiraient dessus avec leurs colts :

Pan ! Pan ! Pan ! T'es morte ! Même quand j'ai été la dernière à me battre avec un arc et des flèches et que mon grand frère m'a dit de me rendre, que je ferais mieux de devenir un cow-boy moi aussi, que c'était ma dernière chance, qu'il n'y avait plus de Peaux-Rouges dans le quartier à part moi, même là, je suis restée du côté des Indiens et j'ai continué à tailler avec le couteau de poche de papa des flèches qui ne volaient pas aussi loin que j'aurais voulu, à me faufiler sans bruit entre les haies et à suivre des traces dans le sable. Je ramassais les amorces rouges abandonnées par les cow-boys et les enfilais sur un gros fil de laine que je portais autour du cou comme un collier. Un anneau rouge pour chaque visage pâle tombé au combat. J'avais sculpté des motifs dans mon calumet, bariolé le tomahawk que je m'étais bricolé, y mettant même la couleur de mon sang – le couteau de papa était très tranchant –, et je transportais des silex dans une bourse en cuir qui pendait à ma ceinture. Mes tresses étaient ornées de plumes, et le rouge à lèvres de maman, celui qui était bien rouge, dans un étui doré, brillait sur mes joues. Les visages pâles se moquaient de mes peintures de guerre, jusqu'à ce que mes flèches et mes hurlements les fassent fuir. J'allumais de petits feux, faisais brûler des feuilles sèches et dessinais dans le ciel des signaux de fumée. Juste pour le cas où il y aurait eu dans le coin un autre Indien en difficulté. Quand ils m'ont capturée et déshabillée pour ne me laisser que ma culotte, quand ils m'ont poussée dans les orties, puis ligotée nue au poteau de torture qui était en réalité un séchoir parapluie, quand ils ont giflé leur prisonnière et lui ont pissé dessus, là encore, mon cœur est resté celui d'un Indien, qu'on disait étranger à la douleur. Le soir venu, quand ma mère, en me découvrant ligotée et bâillonnée, m'a demandé qui avait fait ça, je n'ai pas donné les cow-boys – un Indien a son honneur – et j'en ai été quitte pour une punition.

Je sais qu'il ne faut pas dire *Indien* ni *Eskimo*. Je sais que j'ai atterri dans ce foutu désert, et je sais qu'il y avait quelqu'un devant moi, à l'instant, avec une coiffe en plumes, qui m'a donné à boire et une larme de la Terre Mère. Mais comme je ne sais pas comment continue le rêve, je mets la petite pierre dans ma poche et j'attends.
Il faut que tu te mettes à l'ombre.
L'Indien est de retour, mais sans ses plumes. Il a dans la main une gigantesque bouteille de Gatorade. Dans l'autre, une paire de lunettes bon marché vert fluo et une casquette de baseball avec, dessus, le logo des stations-services *Jet.* L'Indien me regarde, ou du moins les verres de ses lunettes de soleil se tournent-ils dans ma direction. Peut-être ne suis-je pour lui aussi qu'une Fata Morgana.

J'ai froid, dis-je.
Je sais, dit l'Indien, *c'est ton corps qui te joue un tour. Mets ça.*

Je me déguise en Américaine du fin fond de la province, j'ajuste les lunettes en plastique et la casquette, puis l'Indien m'aide à me relever, me pousse sous le toit de la station-service et me tend l'énorme bouteille de Gatorade.

D'abord, tu bois la moitié de la bouteille ; après, on voit, compris ?

Je fais tourner le bouchon qui cède dans un craquement, il y a un gallon dans cette bouteille, un gallon, c'est presque quatre litres, comment pourrais-je bien arriver à en boire la moitié, je n'ai pas soif, en fait.
Je n'ai pas soif, en fait, dis-je.
Bois, dit l'Indien.
Je laisse le liquide glacé couler dans ma gorge. Avide, je bois des gorgées de plus en plus goulues, je fais la course avec moi-même jusqu'à ce que l'envie de vomir me prenne d'un coup et qu'une petite mare isotonique rose scintille entre mes pieds et ceux de l'Indien.

Je t'ai dit de ne pas boire trop vite, dit l'Indien.
Tested in the lab. Proven on the field, dis-je en citant l'étiquette de la bouteille. L'Indien rit.
Je m'appelle Bill, dit-il.
Katharina, dis-je tout en songeant que Bill, comme nom d'Indien, ce n'est pas terrible.
Kat, dit l'Indien, sans doute parce qu'il trouve que Katharina, comme nom pour moi, ce n'est pas terrible non plus.
OK, dis-je. Kat. Qu'est-ce que ça peut bien me faire.
Allez, bois.

Gorgée après gorgée, j'avale tant bien que mal le Gatorade. J'ai mal au cœur. Je veux m'allonger. Mais l'Indien ne me quitte pas des yeux. Le temps s'éternise et, une fois la demi-bouteille bue, mon corps se remet effectivement à fonctionner normalement, je me réchauffe peu à peu et je commence à transpirer.

Comment ça se fait que tu te balades comme ça toute seule dans le désert ? demande l'Indien.
Je me suis retrouvée là, dis-je.
Où sont tes affaires ?
Disparues, dis-je, *volées.*
Et maintenant ? demande-t-il.
Je ne sais pas, dis-je.
L'Indien se retourne et regarde au loin.
Tu ne peux pas rester ici, dit-il et il s'éloigne en direction de son vieux pick-up garé à côté de la pompe à essence. Il y a quelque chose d'étrange dans sa démarche. Comme s'il manquait à son pas le poids de lourdes chaussures. L'Indien ouvre la portière côté passager.
Allez, viens. Je t'emmène jusqu'à Vegas.
Dans la voiture, tout est brûlant. L'air, la banquette. La ceinture. L'Indien s'installe au volant, très Américain. Je me dis : *Je suis assise dans un vieux pick-up à côté d'un vrai Indien.*
Pas de climatisation, dit l'Indien, *mais va y avoir du vent*, et quand il tourne la clef de contact, le moteur et la radio se mettent en marche.
Dans la boîte à gants, il y a de la vaseline. Mets-en sur les lèvres, dit-il, et il porte une Marlboro à sa bouche avant d'appuyer sur l'allume-cigare.
Ça te gêne ? demande-t-il.
Ce sont des cigarettes de cow-boy, dis-je.
Je sais. Tu en veux une ?
Oui.
D'abord la vaseline.
Il fait demi-tour. J'ouvre le couvercle brûlant de la boîte à gants et enduis de gras mes lèvres crevassées par la chaleur du désert.

Génial, la vitre a même une manivelle, vive la mécanique. Je tourne, et ma fenêtre s'ouvre. Nous sortons du parking, prenons l'autoroute – aucune autre voiture en vue. Accélération, vent : la climatisation s'est mise en marche. Des bandes jaunes se précipitent à notre rencontre. *Clac*, dit le bouton à côté du cendrier.

L'Indien me tend une Marlboro allumée, je tire une première bouffée, mes cheveux volent vers l'extrémité incandescente, je les coince sous la casquette de baseball, le reste de Gatorade s'agite sur mes genoux et, dans le rétroviseur, le soleil (vieux taureau, tu n'es plus au zénith, j'ai survécu à ton sale rodéo, je t'ai vaincu, espèce de connard jaune) descend lentement vers les montagnes. Je suis à bout, je suis boxeuse, je suis Million Dollar Baby, mon entraîneur a l'air satisfait. Nous fumons sans rien dire. Nous roulons. Nous roulons loin du soleil, avec le vent à nos fenêtres. Nous roulons avec la musique à tue-tête. Nous roulons, mon entraîneur connaît la route, moi, je m'en fiche.

Merci, dis-je.

Hm? dit l'Indien. Il cherche une autre station de radio. Il y a de la friture.

Merci pour tout. Grésillement.

Tu aurais pu mourir. Mourir de soif. Musique classique.

Je sais. Grésillement.

Ce n'est rien. Friture.

Tu as un téléphone? Est-ce que je peux téléphoner? Encore de la musique classique.

Non. Toujours de la musique classique.

Non? Grésillement.

Non. Sport.
Non, je ne peux pas téléphoner ou non, tu n'as pas de téléphone ? Grésillement.
Non, je n'ai pas de téléphone.

This is KFMA ninety two new rock. Les premières mesures de *Enter Sandman* s'échappent des haut-parleurs, l'Indien monte le son. Sa tête dodeline en rythme. L'Indien dit : *J'aime cette chanson.* Je hoche la tête. Il chante en chœur. Le paysage s'étire, jaune et sans ombre. Nous approchons du refrain.
Sleep with one eye open
Grippin your pillow tight
Je n'ai plus de passeport. Pas de téléphone. Pas d'argent. Pas de carte de crédit. Tout mon foutu sac à dos a disparu.
À *Exit light*, je suis de la partie.
Nous braillons de concert.
Enter night
Take my hand
We're off to never-never land.
Mes lèvres se craquellent à nouveau. D'une main, l'Indien forme deux cornes et tend son bras dans le vent. Ma main est un dauphin qui joue dans l'eau. Je suis sans rien. Je suis libre. Je n'ai plus que moi, une casquette et une paire de lunettes de soleil en plastique. Un poids en moins.
It's just the beasts under your bed,
In your closet, in your head…

J'avais fixé des rubans de toutes les couleurs au guidon de mon vélo cross, je m'étais débarrassée depuis longtemps de mes tresses et des plumes de pigeon, j'avais enterré mon tomahawk sous un arbre au bord du lac et, dans ma bourse en cuir, tabac et feuilles remplaçaient désormais les silex. C'était la quatrième semaine des grandes vacances, j'avais les ongles vernis de différentes couleurs, je roulais sans les mains, un esquimau dans la bouche, et pédalais vers le lac du barrage. Mes cheveux bruns volaient dans le vent et ma peau était bronzée par le soleil d'été, je me sentais libre et légère. Et puis je les ai entendus se rapprocher. Les cow-boys, désormais sans colt ni chapeau, m'ont dépassée en beuglant. J'ai attrapé d'une main le guidon et de l'autre le bâton de la glace. *Katharina la pucelle, avec ses jambes de sauterelle.* Et : *La limande.* Et : *Face A ou Face B, c'est tout pareil.* Et : *Celle-là, pas besoin de la passer à la casserole, y a rien à manger.* Et : *Alors, Peau-Rouge, on ne braille plus pour faire la guerre ?* Et : *Maintenant, elle braille plutôt après sa mère.* J'avais les joues en feu. Quand ils ont tourné à droite au croisement d'après, je me suis sentie mieux. Ce n'est que plus tard – après avoir nagé, je reprenais des forces, allongée dans l'herbe à côté de mon vélo, du bleu à l'infini au-dessus de moi et, derrière, l'univers – que je les ai revus. Ils sont arrivés en chahutant, avec de la bière et une radiocassette, ils se sont installés autour d'un feu pour écouter de la musique qui écorchait les oreilles. À un moment, ils ont crié quelque chose dans ma direction et se sont mis à rire de leur rire de cow-boy. Je me suis roulé une cigarette rabougrie et j'ai fait des signaux de fumée : Allez au diable, visages pâles. Quand j'ai eu mal au cœur et un deux-pièces sec, je me suis rhabillée et mise en selle.

La prochaine bourgade s'appelle Pahrump, c'est un trou, un bout d'autoroute avec, des deux côtés, des

fast-foods et des motels. L'Indien me demande si j'ai faim.
Bof, dis-je, *pas vraiment.*
Il y a un drive-in, là-bas. Un double Whopper ? Ça te dirait ?
Je suis végétarienne.
Putain de merde. Végétarienne ?
Oui.
Ils ont peut-être aussi de la verdure.
Je n'ai pas faim.
Il faut que tu manges, dit l'Indien en prenant la sortie pour un Burger King.
Je n'ai pas d'argent, dis-je.
Je sais, dit-il.
Bonjour et bienvenue chez Burger King, tout va bien pour vous ? demande la borne de commande.
Moi, ça va super, et vous ? demande l'Indien.
Vous avez choisi ? demande la femme de la borne.
Un double Whopper avec des frites, dit-il et, en se tournant vers moi : *Qu'est-ce que tu veux ?*
Vous prendrez un menu avec boisson ou séparément, Sir ? demande Mme Borne.
Un menu. Et toi ?
Non, rien pour moi.
Pardon ? demande Mme Borne.
Un instant, dit l'Indien.
Ketchup ou mayo ?
Les deux.
Coca, Fanta, Sprite ?
Coca.
Ce sera tout, Sir ?
Non, encore un instant.
Oui ?
Qu'est-ce que tu veux ?

Rien, dis-je.
Vous avez quelque chose de végétarien ? demande l'Indien.
Quelque chose de végétarien ? La borne grésille.
Oui. Vé-gé-ta-rien.
Je vais prendre des frites, dis-je.
Une grande frites avec du ketchup et de la mayo, s'il vous plaît, dit l'Indien.
Cela vous fait 8 dollars 78, Sir, merci d'avoir choisi Burger King.

Quelques miles plus loin : l'Indien a terminé son menu double Whopper, des montagnes se dessinent à nouveau devant nous, nous avons changé de radio.
Tu ne les veux vraiment pas ? Il montre mes frites froides.
Non, j'avais prévenu. Je n'ai pas faim.
Si tu veux, je peux te déposer au commissariat, à Vegas, dit l'Indien. Je lui donne mes frites et regarde par la fenêtre.

L'Indien déchire le sachet de ketchup avec les dents et, d'une main, en presse le contenu sur les frites qu'il a posées sur ses genoux, il vise à côté, jure, freine sec et s'arrête sur l'accotement. Avec une serviette, il essuie le ketchup qui a coulé sur les bâtonnets en os de sa tunique, ce qui, au lieu d'enlever la tache, a pour résultat de faire pénétrer le ketchup encore plus profondément entre les interstices. *Merde*, dit-il, *quel con. Tiens-moi ça.* Il me tend les frites, attrape un sac de sport posé derrière mon siège, sort de la voiture avec et disparaît derrière le véhicule. Dans le rétroviseur, je vois l'Indien qui se déshabille et Bill qui s'habille, puis fait le tour du pick-up et remonte dans la voiture en jeans, tee-shirt et bottes.

Nous repartons, les mocassins, la tunique et la coiffe de plumes entre nous, et Bill, après avoir englouti mes frites, raconte que ses ancêtres étaient autrefois installés à Pahrump, *Pah-Rimpi* dans sa langue, ce qui signifie *rocher dans l'eau.* Il raconte qu'ensuite, l'*homme blanc* a construit d'énormes ranchs, que le sol a fini par ne plus rien donner et que la plupart des sources ont tari. D'ailleurs, à ce qu'il dit, l'*homme blanc* n'est qu'un salopard et tout est de sa faute.
Moi aussi, je suis un homme blanc, dis-je.
Non, toi, tu es une Sacagawea, une femme-oiseau.

Bill est à moitié shoshone et à moitié païute. Il se rend à un pow-wow qui a lieu dans la réserve de Duck Valley, dans le Nord du Nevada. Il habite à L. A. et, sur la route, il est passé prendre sa nouvelle tunique dans un petit village shoshone. L'ancienne ne lui allait plus, il a pris un peu de ventre. La faute aux doubles Whopper. Le nom indien de Bill signifie *Neige d'automne.* Et ce matin, *Neige d'automne* était si content de sa tunique qu'il a voulu la garder sur lui. Dans la vraie vie, Bill est électricien et il écrit des poèmes. Il en a imaginé un aujourd'hui, juste avant de me trouver à la station-service. Il ne me l'a pas récité. Il est très en retard et il a perdu du temps à cause de moi. Il dit qu'il lui faut faire la route d'une traite s'il ne veut pas rater la grande cérémonie d'ouverture, demain. Ce n'est quand même pas pour rien qu'il est allé chercher le costume orné de bâtonnets en os.

Une fois les montagnes franchies : nous avons quitté nos lunettes de soleil, le vieux taureau derrière nous s'est couché, le crépuscule nous sort le grand jeu, la bouteille de Gatorade est vide. Et quand nous triomphons du mont Potosi, la Reine de la nuit, dans la vallée, nous tend les bras. Toute de paillettes et de chatoiements, l'enjôleuse revêt justement son habit de lumière. S'offre comme l'une de celles qu'on ne supporte que dans l'ivresse.
Bill s'arrête à un point de vue, coupe le moteur, plonge la main dans une glacière, derrière son siège, et attrape une canette chaude de Bud Light.
La dernière, dit-il, *pas fraîche, c'est un reste du week-end.*
Il ouvre la canette, me la tend et nous allume deux autres cigarettes. Nous fumons en silence, partageons la bière et, devant les lumières de Las Vegas, je m'incline.

Je n'avais pas pu aller bien loin : je devais passer par leur feu de camp. Deux cow-boys m'ont barré le passage et j'ai arrêté mon vélo cross. *Mais qui voilà. Katharina, la sœurette. Allez viens, la limande, viens boire une bière avec nous.* Markus, le plus crâneur, s'est approché de moi, une Karlsquell dans une main, un joint dans l'autre. *À moins que le bébé ne boive pas de bière ?* Les trois garçons m'encerclaient. Markus a levé la bouteille de bière au-dessus de ma tête. *Allez, ouvre la bouche !* et il en a versé un peu sur moi. *Il paraît que c'est bon pour les cheveux*, a lancé un cow-boy depuis le feu de camp. *Tu veux tirer ?* Le visage boutonneux de Markus le cow-boy était tout près. Il m'a soufflé la fumée de son joint au visage. *Bouh !* a-t-il fait, et les autres cow-boys ont rigolé. J'ai

laissé tomber mon vélo, levé le poing, visé son menton et frappé – en plein dans le mille. Il est parti à la renverse. J'ai continué, donné des coups de pied et de poing, sa bière a roulé à terre. Les autres beuglaient. Markus le cow-boy a reculé : *Mais t'es devenue dingue, la limande, ou quoi ?*
Fous-moi la paix, connard, ai-je crié et j'allais frapper encore, mais les deux autres m'ont retenue. Finalement, mon frère assis près du feu s'est levé et a dit que ça suffisait comme ça, qu'ils devaient me lâcher, alors et ils m'ont lâchée, j'ai enfourché mon vélo et je lui ai talonné les flancs.

Tu es déjà allée à Vegas ? demande Bill.
Non, dis-je.
Où est-ce que tu veux que je te dépose ? Au commissariat ?
Non, au Bellagio, dis-je.
OK. Bill démarre.

Nous dévalons la route en lacets et traversons la vallée à la rencontre de la Reine, écoutons la radio et fumons les dernières cigarettes. Juste avant d'arriver en ville, nous nous arrêtons à une station-service. L'aiguille est dans le rouge depuis déjà un bon moment. *Va te laver la figure*, dit Bill, *ils ont des toilettes là-bas.* Il fourrage dans son sac de sport et en tire un tee-shirt à lui, *Si tu veux enfiler quelque chose de propre*, dit-il, et il descend de voiture pour ouvrir le couvercle du réservoir. Je m'éloigne en direction du fast-food qui clignote de toutes ses lumières. Dans les toilettes pour dames, je me lave la figure, les bras et les jambes, me sèche avec des serviettes en papier et m'enferme dans une cabine pour enfiler

le tee-shirt de Bill. Je suis en piteux état. J'ai le nez et les jambes brûlés par le soleil. Les lèvres gercées. Je lave ma chemise avec le savon pour les mains et l'essore soigneusement.
Dehors, Bill m'attend à côté de la voiture. Il noue ma chemise à l'arrière du pick-up pour la faire sécher.
C'est parti, dit-il, *bienvenue à Las Vegas*. Fenêtres ouvertes, nous longeons le South Boulevard planté de palmiers, le *Strip*. De chaque côté de la voiture, un monde miniature scintille, irréel. New York à gauche, Paris à droite. La totale. Une orgie de néons chatouille ma rétine, rebondit sur les lunettes de pilote de Bill. Les logos des boutiques de luxe s'étalent sur des bâtiments asymétriques en verre. Avec ça, les voitures, les klaxons, la musique dans la rue, une odeur de désert et de graisse, de pneus et de poussière. La Reine nous fait un striptease. Paillettes, chatoiements, un sursaut, et puis un lac, des fontaines derrière et, au fond, le célèbre Bellagio.

Je demande : *Tout le monde peut entrer jouer ?*
Oui, dit Bill.
Il faut être habillé chic ou je peux y aller comme ça ?
Tu peux y aller comme ça.
Tu me prêtes 10 dollars ?

Vingt minutes plus tard, Bill et moi nous retrouvons devant une roulette électronique. Bill me donne dix billets de 1 dollar, j'en glisse un dans la fente de la machine à sous et lui demande sur quoi je dois miser. *Rouge*, dit Bill. C'est le noir qui gagne. Je nourris encore une fois la machine, mise à nouveau sur le rouge. Et c'est le rouge qui gagne. Les premiers tours,

je ne mise que sur la couleur, manque et passe. Je ne mets toujours que 1 dollar en jeu. Bill s'ennuie, il trouve le temps long, il veut bouger.
Partis comme ça, on n'arrivera à rien, dit-il, *tu perds 1 dollar et tu en gagnes 1, on avance d'un pas pour reculer d'un autre.*
Il faut être patient, dis-je. J'observe la machine, les bandes lumineuses qui tournoient. Je continue de miser : au bout d'un quart d'heure, je suis parvenue à la jolie somme de 57 dollars et Bill a avalé un cocktail.
Viens, on s'en va, dit-il, *j'ai faim*, et il fait mine d'appuyer sur le bouton *Règlement.* La lumière tournoie, tout est encore possible. Et puis soudain, je sais que ce qui va sortir maintenant, c'est le 8 noir.
Tout sur le 8, dis-je.
Bill me regarde.
Tout sur le 8 !
Bill soupire et met tout sur le 8 en haussant les épaules. Rien ne va plus. La lumière qui remplace la boule tournoie de plus en plus lentement sur le cercle de la roulette électronique, sautille de nombre en nombre. Et s'arrête. Sur le 36. Le 11. Le 30. Et. Sur le. 8. Noir.
La machine pirouette et cliquette, tinte et papillote. Le produit de 35 fois 57 s'affiche au crédit. 1 995 dollars. À côté de nous, des joueurs font *Oh* et *Ah*, et un employé du casino s'avance dans notre direction. Bill est planté là, bouche bée. La machine nous invite à faire une nouvelle mise. Le jeu continue. J'appuie sur *Règlement*, Bill crie *Non !* mais j'ai été plus rapide.
Ça cliquette et ça carillonne, ça tinte et ça papillote, et la machine crache dans un bruit métallique un

coupon sur lequel figure le gain à récupérer auprès du caissier.

À toi de jouer, dis-je à Bill en lui tendant le coupon. L'employé du casino nous félicite et nous demande si nous voulons essayer un autre jeu. Non, nous ne voulons pas. Nous voulons le fric.

Elle était nouvelle et, dans le coin des fumeurs, elle égrenait l'alphabet morse vers le ciel. Je comptais ses ronds et lui donnais la réplique en fumant. Elle s'appelait Shila, elle était une classe au-dessus de moi et je n'avais encore jamais rien vu de tel dans la cour du lycée. Elle respirait l'intelligence, elle avait des cheveux noirs coupés à ras et des yeux en amande bordés de khôl, elle portait une parka, un anneau dans le nez et une carapace impénétrable. Deux Indiens s'étaient trouvés, deux Indiens étaient tout de suite tombés amoureux. Nous allions ensemble faire du skate ou au cinéma, et en cachette à des manifs et des concerts. Nous séchions régulièrement ses cours de maths et mes cours de français. Nous buvions notre café sans lait, écoutions la musique de l'autre, roulions des cigarettes pour deux, lisions à voix haute au bord du lac : elle me lisait des poèmes perses, je lui lisais Kafka. Ensemble, nous avons déchiffré toute une édition du *Manifeste du Parti communiste*. Partagé des cornets géants exclusivement remplis de glace au chocolat et, pendant les Épreuves sportives pour la jeunesse, remplacé l'eau de nos gourdes par de la vodka. Le 100 mètres, nous l'avons couru en plus de 20 secondes, et nous avons éclaté de rire sur la ligne d'arrivée, ri à en pleurer et récolté moins de dix points pour notre performance. La première fois que nous nous sommes embrassées, c'était un jour d'automne, sur un lit de feuilles dans la forêt. Après ça, Shila est partie à la chasse aux faines enfouies dans mes cheveux. Nous nous laissions des messages dans les toilettes du lycée. Nous avions baptisé l'une des cabines UTOPIA et, sur la porte, à l'extérieur, nous avions accroché un panneau *hors service* que les femmes de ménage avaient pris pour argent comptant. Le panneau est resté en place et UTOPIA est restée fermée. Sur les murs de la cabine, nous collions des photos de nos idoles et écrivions au marqueur : *UTOPIA. Aime. Ris. Bats-toi. Stay foxy* et *Les jolies filles ont les pieds qui puent.* UTOPIA était toujours verrouillée de l'intérieur; pour entrer et sortir, nous escaladions la cloison par la cabine voisine. Là où d'autres changeaient de tampons, nous nous sommes entaillé les doigts pour nous faire sœurs de sang et avons fait l'amour pour la première fois. J'étais assise sur la cuvette pour faire pipi quand Shila a frappé le signal à la porte. J'ai ouvert le verrou, elle est entrée, et quand je me suis levée pour remonter ma culotte, Shila a dit *Attends* et elle s'est agenouillée devant moi.

Nous sortons tranquillement de l'hôtel pour rejoindre le parking par le Bellagio Drive, nous sommes de bonne humeur. Les fontaines du lac dansent au rythme de la musique. Shirley Bassey chante dans les haut-parleurs *Hey Big Spender* et les fontaines jaillissent. Colonnes fièrement dressées qui pénètrent la lumière blanche. Jambes d'eau qui s'écartent. Mais qui peut bien concevoir un truc pareil? Nous faisons le tour du lac et nous arrêtons sur la promenade pour regarder l'eau qui monte et descend.

Bill me tend l'enveloppe qui contient les 1 995 dollars et calcule combien de double Whopper on pourrait acheter avec. 571.
Qu'est-ce que tu vas en faire ? demande Bill.
Partager avec toi. Fifty-fifty, dis-je.
Certainement pas, dit Bill, *c'est ton argent.*
Tu parles. Tu m'as payé du Gatorade et des frites. Une paire de lunettes de soleil et cette casquette, tu m'as amenée jusqu'ici et tu m'as empêchée de mourir de soif, putain, Bill, tu prends la moitié.
C'est ton argent, dit Bill.
De toute façon, j'ai une dette envers toi. Pour la mise.

Plantés devant le ballet aquatique, nous faisons passer l'enveloppe d'une main à l'autre, quand deux étudiants ivres s'approchent en titubant, le genre sportif à avoir bénéficié d'une bourse. Ils nous tournent autour. Ils nous collent.
Quoi ? fait l'un d'eux.
Rien, dit Bill, *tout va bien.*
Rien. Tout va bien, l'imite l'étudiant.
Tu nous empêches de passer, dit l'autre.
Sale petite merde rouge, dit le premier, et il passe à l'attaque si soudainement que je pousse un cri. En quelques coups de poing, ils ont mis Bill à terre, et Bill ne se défend même pas, il s'est juste recroquevillé en position embryonnaire pendant que les cow-boys lui donnent des coups de pied. *Stop ! Arrêtez*, je crie mais ils font comme si je n'étais pas là. Je suis trop insignifiante pour eux et, sur la carte de leur paysage intérieur, je n'apparais même pas en petits caractères. Des passants s'arrêtent, quelqu'un sort un téléphone portable, filme l'agression, et les choses cessent aussi vite qu'elles ont commencé. Les cow-boys passent leur chemin.

Je leur lance encore : *Espèces de branleurs!* Le type avec le téléphone portable s'approche et demande si nous avons besoin d'aide.
Non, dit Bill en esquissant un mouvement, le nez et la bouche en sang.
Viens, dis-je et je l'aide à se relever.
C'est bon.
Il faut que tu ailles voir un médecin, dis-je.
Non, dit Bill, *ça va.*
Les badauds agglutinés repartent chacun dans leur direction, se remettent à filmer les chutes d'eau dans la lumière colorée ou s'arrêtent devant l'attraction suivante. Les deux connards ivres ont déjà disparu dans la foule.

L'enveloppe qui contient l'argent est toujours dans ma main. Ce qui nous a rendus heureux il y a un instant n'est soudain plus qu'un paquet de bouts de papier imprimé. Tout à coup, j'ai l'impression que cette enveloppe est remplie de perles de verre, qu'elle n'est qu'une tentative de compensation de la part d'un système qui se permet de traiter Bill de *petite merde rouge*. Elle me dégoûte. Je n'en veux plus. Avec une serviette qu'il avait dans la poche de son pantalon, Bill essuie le sang qui lui coule de la bouche et se bricole un tampon pour boucher sa narine.
Look at this. OMG. Autour de nous, des jeunes surexcités posent devant leurs téléphones, la bouche en cul-de-poule, index et majeur pointés en forme de V. Des voitures passent dans un vrombissement de basses. Une limousine blanche en version extralongue. Des passants trop gros déplacent pas à pas leurs trop gros corps, leur porte-monnaie autour du cou. Des touristes accrochés à leurs appareils photo

filment tous les angles de vue possibles en commentant ce qu'ils voient. Un groupe de retraités se déverse d'un bus de tourisme sur lequel est écrit *DINNER-Shuttle : All you can eat 10,99 $.*
Viens, on se barre d'ici, dit Bill.
Arrivés au parking, nous cherchons notre voiture. Bill se tait et j'ai mauvais conscience – parce que je l'ai mis en retard pour son pow-wow, parce que c'est moi qui ai voulu aller au Bellagio, parce qu'à cause de moi, il s'est fait tabasser. J'aperçois le vieux pick-up, Bill ouvre les portières, nous nous affalons sur la banquette. Je dépose l'enveloppe dans la boîte à gants.
Je suis désolée, Bill.
Tu n'y es pour rien.
Si. C'est de ma faute.
Arrête, Kat.

Bill tourne la clef de contact. *Il me faut de la glace*, dit-il et il démarre. De retour sur le *Strip*, nous laissons les vitres fermées, nous avons tous les deux eu notre dose de divertissement et de bling-bling. L'eau danse toujours, elle n'est jamais fatiguée. La silhouette menaçante du Caesars Palace se dresse au-dessus de nous. Un hôtel avec parcours de golf promet *all you need*, et nous, nous ne voulons plus rien.
À un feu rouge, nous nous arrêtons à côté d'une chapelle où l'on peut se marier sans descendre de voiture. Une limousine extra-longue s'est coincée dans l'entrée. La fatigue me submerge d'un coup.
Nous tournons, quittons le *Strip*, roulons vers l'autoroute, puis Bill s'arrête à un drive-in, commande un grand Coca avec des glaçons et nous reprenons la voie qui nous éjecte hors de la ville. Nous entrons sur la 93, la Great Basin Highway.

Bill allume la radio, peu importe le programme, nous baissons les vitres et quand il n'y a plus de Coca dans le gobelet, Bill me montre son sac du doigt et me demande de mettre la glace qui reste dans une chaussette. Je tends à Bill le boudin glacé, son œil droit commence déjà à gonfler. Il applique la chaussette dessus en soupirant.

Comment est-ce que tu as su que le 8 noir allait sortir ?
Je ne sais pas. C'est venu d'un coup.
Ça t'arrive souvent, ce genre de choses ? De savoir ce qui va arriver ?
Non, dis-je, *sinon, mon sac à dos serait encore là, on ne se serait pas rencontrés et tu ne te serais pas fait casser la gueule.*

Un lundi, Shila m'a retrouvée à la sortie des cours. On aurait dit qu'elle avait pleuré. Elle m'a tirée jusqu'à UTOPIA et quand j'ai vu que la porte était ouverte, j'ai su que quelque chose avait pris fin. Ça sentait la boule puante. UTOPIA avait été forcée et barbouillée de pénis. *Touffes*, était-il écrit. Et : *Sales lesbiennes.* Nos posters avaient été arrachés. Les murs étaient tapissés de quelque chose de gluant.
Quelle bande de connards, ai-je dit, *allez, Shila, ne pleure pas. On se construira un autre empire.*
C'est là que ses pleurs ont redoublé de plus belle.
On déménage dans trois mois. On part pour le Cameroun. Ils me l'ont dit hier.
Quoi ?
Papa a été muté.
Au Cameroun ?
Oui.
Merde.

Le père de Shila était diplomate, on l'avait muté dans une ambassade du Cameroun. Toute cette année écoulée n'avait été qu'une étape. Et maintenant le Cameroun. Nous savions toutes les deux combien c'était loin. Pas le genre d'endroit où on allait passer deux ou trois jours pendant les vacances, juste comme ça. Assises devant les ruines de notre UTOPIA, nous avons pleuré en nous promettant ce qui était sincère et possible.

Kat. Réveille-toi. Kat. Sacagawea. Debout. La première chose que je vois quand Bill me réveille, ce sont les étoiles, plein d'étoiles. La voiture est à l'arrêt. Le moteur est éteint. L'habitacle est plongé dans le noir. Je vois à peine Bill. Mais le ciel étoilé, spectaculaire. Je n'ai encore jamais vu autant d'étoiles. Waouh.
J'ai les lèvres sèches et la bouche pâteuse.
Je ne sais pas si j'ai dormi longtemps ou juste fait un petit somme. Je ne sais pas où nous sommes. Je sais juste que nous avons laissé la Reine derrière nous.
Hé, dis-je, *comment tu te sens?*
Pas bien, dit Bill, *c'est pour ça que je te réveille. J'ai les yeux tout gonflés. Je n'y vois presque plus rien. Tu peux conduire?*
Oh non. Enfin, oui, bien sûr. Bien sûr que je peux conduire.
Merci. Bill a l'air affaibli, fatigué.

Nous casons la tunique de Bill et la coiffe de plumes derrière le siège passager pour qu'il ait plus de place, je descends de la voiture et Bill glisse sur mon siège. L'air s'est rafraîchi, je fais le tour du pick-up et lève les yeux, m'immobilise, tente de reconnaître une constellation familière, la Grande Ourse ou Orion, mais rien n'y fait : il y a trop d'étoiles là-haut, je suis complètement perdue. Si j'étais marin, je n'atteindrais jamais les rivages de l'Inde et je ne saurais pas non plus comment rentrer chez moi. Par chance, le serpent d'asphalte me montre la direction à suivre. Je m'installe au volant, et c'est là que je remarque l'état des paupières de Bill, si enflées que ses deux yeux ont complètement disparu derrière deux grosses boursoufflures.

Merde, Bill, tes yeux.

Tu l'as dit. Merde. C'est toujours tout droit. Reste sur la Highway 93. Et réveille-moi quand il fera jour. Je crois qu'il n'y a plus rien sur la route avant un moment, mais il me faudrait de la glace. Si tu vois quelque chose, une station-service, un restaurant, un McDo, n'importe quoi...

Je vais te trouver ça.

Merci, Kat.

Je ferme la portière et tourne la clef de contact, les phares et la radio s'allument, l'horloge du tableau de bord indique minuit moins vingt, qui sait si elle dit vrai. Je mets le clignotant pour indiquer au monde entier que je vais prendre la route, j'appuie sur la pédale d'accélérateur. Je pense : *Je suis aux États-Unis, assise dans un pick-up à côté d'un Indien. Je suis aux États-Unis, assise au volant d'un pick-up à côté d'un Indien. Je suis aux États-Unis, assise au volant d'un pick-up, à côté d'un Indien qui s'appelle* Neige d'automne *et qui a les deux yeux bousillés à cause de moi.* Dans l'obscurité, des bandes jaunes nous sautent au cou. Elles font de la méditation. Pas moi, je remonte la vitre.

En partant pour le Cameroun, Shila avait emporté toutes les couleurs avec elle. Le soleil qui brillait était gris. L'herbe qui poussait était grise. Les arbres avaient des feuilles grises et bourgeonnaient en gris. Des tourtereaux gris s'embrassaient dans les coins de la cour grise, où des enseignants gris surveillaient la pause d'un œil fatigué en espérant qu'il n'y aurait pas de bagarre, pas cette fois, pas pendant leur tour de garde gris. Dans l'ex-UTOPIA grise, j'ai ouvert une lettre d'elle arrivée par avion. (Une lettre bleue.) Et je me suis enivrée à la lecture de toutes ses couleurs. J'ai senti le parfum des graines de palmier que Shila avait mises dans l'enveloppe et que je devais planter près du lac. Je suis allée jusqu'au camion de glaces, qui avait été rouge un jour, qui était gris désormais. J'ai commandé sans en avoir envie une glace grise au chocolat et, pendant le cours de français, j'ai enfourché mon vélo gris pour aller au lac. Sur l'eau grise nageaient des canards gris et leurs canetons gris à la con. J'ai creusé de petits trous dans la terre grise et j'y ai déposé les graines. De la musique sombre dans les oreilles, je suis restée allongée sur la rive grise tandis que mon visage se couvrait de taches de rousseur grises, et puis une ombre s'est arrêtée devant moi. C'était Markus le cow-boy. Sa bouche s'ouvrait et se fermait, j'ai arrêté la musique. Il avait une bière à la main, d'autres bouteilles tintaient dans son sac à dos.
Alors, lèche-chatte, a-t-il dit.
Toi-même, ai-je dit. Il a ri.
Barre-toi.
Je me suis fais virer de ma place d'apprentissage, a-t-il dit.
Et il est où le bus ?
Quel bus ?

Avec la foule de gens que ça intéresse ?
Il s'est assis à côté de moi au bord de l'eau et a levé sa bouteille de bière.
T'en veux ?
Non.
Tu es la première à qui je le raconte, a-t-il dit. *J'ose pas rentrer chez moi. Mon père va péter un plomb.* Il a vidé sa bouteille de bière d'un trait, en a pris une autre dans son sac à dos et l'a ouverte avec un briquet qu'il avait dans son paquet de Marlboro.
Clope ?
Non. Tu faisais quoi comme apprentissage ?
Assurances.
Faut dire que c'est nul, ai-je dit.
T'as raison, a-t-il dit.
Et pourquoi tu t'es fait virer ?
Sais pas.
Il a bu la moitié de la bouteille. Il l'a reposée un instant, il a roté et vidé ce qui restait.
C'est ta combientième ?
Sais pas. La cinquième. Sixième ?
D'une pichenette, il a envoyé son mégot dans le lac.
J'y vais, j'ai encore deux heures de cours.
Qu'est-ce que tu sèches, là ?
Français.
Quand j'ai voulu me lever, il m'a attrapée par le bras et m'a retenue. *Reste.*
Lâche-moi. Tu me fais mal.
Je peux te demander un truc ?
Quoi ?
Comment elles font pour baiser, les lesbiennes ?
Connard. Lâche-moi.
Non, sérieux. Vous vous frottez juste, ou vous vous mettez des trucs dedans ?

J'allais frapper, mais Markus le cow-boy a été plus rapide, il s'est jeté sur moi, a mis une main sur ma bouche et glissé l'autre sous ma robe, entre mes jambes. Je me suis débattue, j'ai essayé de le repousser, mais il était trop lourd, et une peur panique s'est emparée de moi.
Son haleine de bière me balayait le visage. Il a susurré : *T'as déjà eu une bite là-dedans ? T'as déjà eu une belle bite humide dans ta chatte ? Ou dans la bouche ? Dans la bouche ?*

Le soleil gris brillait dans le ciel gris. Le vent gris était saoul. Il me vomissait son haleine puante à la figure. Mêlait ses atomes à mes atomes. La Terre Mère pleurait des larmes noires.

Bruce Lee a dit dans ma tête : *Be water, my friend.* Et je me suis laissée tomber, je suis tombée vers le ciel et j'ai pensé : *Qu'est-ce qui est ?* Et : *Qu'est-ce qui est Dieu possible ?*
Je suis allongée au bord du lac et Markus le cow-boy est allongé sur moi. Il se sent en sécurité parce que j'obéis au conseil de Bruce Lee. Je nous ai vus d'en haut. Au bord du lac. Dans cet endroit qui était le nôtre. Pays. Continent. Planète. Système solaire. Galaxie. J'étais tout entière d'eau. Ma main gauche a trouvé une bouteille de bière vide. Attrapé fermement le goulot. Bruce Lee a dit : *Tu dois être rapide.* Markus le cow-boy avait une main sur mon visage, l'autre sur sa queue qui n'était pas assez dure. De toutes mes forces, je lui ai écrasé la bouteille sur le crâne. Elle ne s'est pas brisée comme dans tous les films. Le cow-boy a crié. J'ai frappé encore une fois, envoyé un coup de genou. Un coup de pied. Un

coup de poing. Réussi à me dégager. *Le pantalon sur les mollets est son handicap, ta robe est ton atout,* a dit Bruce Lee. Je me suis levée d'un bond. Bruce Lee a dit *cadre du vélo*, j'ai brisé la bouteille dessus et je me suis retrouvée avec une arme tranchante. J'ai fait volte-face et, des deux mains, je l'ai brandie en direction du cow-boy qui se tenait là, pantalon baissé et mains levés, et a dit :
Holà, holà, c'était juste pour rire, du calme, microbe, on voulait juste s'amuser un peu.
Je tremblais.
Pas vrai ?
Le cow-boy s'est penché, a remonté son pantalon. Non loin, un chien a aboyé et quelqu'un l'a appelé par son nom. Le cow-boy a pris son sac à dos, pris ses cigarettes. Il s'est éloigné en direction des aboiements. Je suis encore restée un moment immobile. Et puis j'ai enfourché mon vélo et, après avoir traversé au galop un monde de cendres noires, je suis arrivée au bureau de police où j'ai porté plainte contre Markus le cow-boy.

La radio construit note à note un escalier vers le ciel. Bill a le sommeil agité, il soupire parfois. Devant nous, derrière nous s'étire l'autoroute, sombre et solitaire, pas de station-service pour l'instant, pas de *diner* ni de motel, rien où s'arrêter, se laver le visage et trouver un peu de glace pour Bill. Quatre cavaliers s'échappent de la radio et prennent le relais de Led Zeppelin. Un cheval blanc, un rouge, un noir et un vert galopent avec nous dans le faisceau lumineux des phares. Je ne connais pas le nom du groupe, je ne sais pas combien de kilomètres j'ai encore devant moi, ni si nous avons ne serait-ce qu'une chance infime d'arriver à l'heure pour la cérémonie d'ouverture, je respecte à la lettre les limitations de vitesse de peur d'être arrêtée et contrôlée par une patrouille autoroutière, comme ça, sans passeport ni permis de conduire. Le réservoir est à plus de la moitié. Le moteur fait de son mieux pour en être un. C'est quoi, un arbre à cames, en fait ? Les bandes jaunes disent : *Tu es fatiguée*, mais je baisse un peu la vitre et l'air frais balaie mon visage. Sur le bord de la route, quelque chose de poilu. C'est mort et poussiéreux, ça apparaît un instant dans la lumière des phares, puis ça disparaît. Un panneau surgit. Au loin, j'aperçois quelque chose de rouge qui clignote. L'horloge du tableau de bord prétend qu'il est 2 heures passées. Autant que je puisse en juger, il n'y a rien que le désert autour de nous, aucun bled en vue. Ce qui clignote, là-bas, ce doit être un bâtiment isolé. Tandis que nous approchons, je reconnais les lettres VACANCY. Encore un peu, et j'aurais loupé l'entrée : aucune pancarte ne l'indique et l'éclairage du parking est minimaliste. Je me gare devant *Dan's Diner.* Un diner-motel-station-service-machin-chose. Il y a deux camions sur le parking et deux voitures devant le motel. Mais d'où est-ce qu'ils viennent, tous ? Je n'ai pas croisé plus de cinq véhicules de tout le trajet. À l'intérieur du *diner*, la lumière brille encore. Je coupe le moteur. Je prends un billet de 10 dollars dans l'enveloppe, dans la boîte à gants. Bill a une sale tête. Il tremble et transpire.

La porte du *diner* claque derrière moi et les deux camionneurs assis au bar se retournent. Je dis bonsoir et vais m'asseoir au comptoir aussi, près d'un bac en verre rempli d'un liquide givré, jaune pétard, dans lequel un bras en métal tournoie mollement. Une étiquette indique *Frozen margarita.* Je me demande depuis quand cette soupe ancestrale est là-dedans à se faire remuer mollement et s'il y a déjà eu ne serait-ce qu'un client pour commander une margarita. Peu après, un homme au tablier sale, cheveux gras retenus en queue de cheval et visage de guingois, passe la porte battante, derrière le comptoir. Il a dans la main une assiette où quelque chose de l'ordre d'un burrito se noie dans une bouillie de haricots. Ses ongles noirs trempent dans la sauce. Il balance l'assiette devant l'un des camionneurs, s'essuie la main sur son tablier et ressert du café.

Que puis-je faire pour la demoiselle ?

J'aurais besoin de glace.

On n'en a pas.

Et dans votre Coca, vous mettez quoi ?

De l'eau gelée.

Les camionneurs rigolent.

Il est de bonne humeur, Dan, aujourd'hui, dit celui qui mange le burrito.

De l'eau gelée, répète l'autre, et les trois hommes se remettent à rire de cette blague drôlissime.

OK, Dan, ne te fous pas de ma gueule, tu veux, j'ai vraiment eu une journée de merde et, dehors, dans la voiture, j'ai un ami qui m'attend avec des yeux tout boursouflés, il lui faut de la glace. Donne-moi un gobelet plein de glace, je le paie s'il le faut et après, tu es débarrassé de moi.

Dan commence par s'ouvrir une bière.

Bon, bon. La demoiselle paie s'il le faut.

Dan prend un gobelet en polystyrène sur la pile posée au-dessus de la machine à café, le remplit de glaçons et le pose devant moi.
Ça fera 5 dollars.
Les deux camionneurs éclatent de rire.
C'est vraiment une super-affaire, dis-je en balançant le billet de 10 dollars sur le comptoir, *tu peux garder la monnaie.*
Le type attrape le billet, moi le gobelet rempli de glace, il va vers sa caisse et je me dirige vers la porte.
Hé, la petite demoiselle ! lance-t-il encore.
Quoi ?
Ta monnaie.
Je me retourne, le type agite le billet.
L'eau gelée, c'est cadeau de la maison. Je m'appelle Dan. C'est mon diner, *ici.*
Très drôle. Kat. Et ça, c'est mon majeur.
Les camionneurs rigolent. Je reprends les 10 dollars, Dan me fait un clin d'œil et je dis :
Dans ce cas, je vais encore prendre un café.
Sur place ou à emporter ?
À emporter.
Les camionneurs me regardent, je leur demande l'heure et ils me disent qu'il est 2 h 30, l'horloge du tableau de bord disait donc vrai. Je leur demande si c'est encore loin jusqu'à la réserve de Duck Valley.
400 miles, répond celui qui mange le burrito.
Merde. Ça fait encore au moins sept heures de route. Deux heures et demie plus sept, ça fait neuf heures et demie. Avec un peu de chance, et si je roule plus vite, alors oui, peut-être. Alors oui, on y arrivera. Peut-être.
Cadeau de la maison aussi, dit Dan en déposant devant moi un gobelet qui pue le mauvais café-filtre, *il est plus bien frais. Le sucre et le lait, c'est là-bas.*

Merci, dis-je.

Je remonte dans la voiture et remplis de glaçons la chaussette de Bill. Je pose doucement une main sur son front. Il est brûlant. J'applique dessus la chaussette froide. Bill attrape ma main et prend le relais.
Merci, murmure-t-il.
Il faut que tu voies un médecin, dis-je à voix basse.
On est où ?
Devant Dan's Diner, *quelque part sur la 93. Le café est dégueulasse*, dis-je.
Dans ce cas, on se barre, dit-il.

Je vide le contenu du gobelet par la fenêtre et tourne la clef de contact, mais la voiture ne démarre pas. J'essaie encore une fois. Et encore une fois. Encore. Et encore.
Allez, dis-je. Mais le moteur se contente de hoqueter, désemparé, et refuse de se mettre à tourner. Ça marchait pourtant encore il y a un instant. Pourquoi plus maintenant. Je déteste que les choses se déglinguent. Pourquoi faut-il que cette bagnole me claque entre les doigts justement maintenant, ici ; si seulement je ne m'étais pas arrêtée.
Ce sont les bougies, dit Bill.
Merde, dis-je, et je descends pour retourner au *diner*.

Elle a oublié quelque chose, la petite demoiselle ? demande Dan.
Il me faudrait des bougies et une boîte d'antalgiques, dis-je.
Désolé, on est en rupture de stock. Qu'est-ce que tu dirais d'une chambre pour la nuit ? demande Dan, et les camionneurs rigolent.

Merde, dis-je.
Elles ne sont quand même pas si mal, les chambres, dit l'un des camionneurs, et Dan rigole.
La voiture est en rade, et il faut qu'on soit à la réserve de Duck Valley demain matin, dis-je.
Dan dit que nous sommes mal partis pour y arriver.
L'un des camionneurs demande si mon ami est un Peau-Rouge et ce que nous avons comme voiture.
Une Ford, dis-je.
Une Ford quoi, demande l'autre camionneur.
Aucune idée. Une Ford. Un pick-up, dis-je.
Quelle année ?
Sais pas. 80 ?
Oh les femmes, dit l'un des camionneurs.
Dan pose une clef avec un porte-clefs sur le comptoir, et une fiche d'hôtel à remplir.
Demain, un pote pourra jeter un œil à votre voiture. C'est 40 dollars la nuit, payables d'avance, on n'a pas de piscine et il y a des œufs au petit-déjeuner.
OK, dis-je, *je reviens tout de suite.*

Bill s'est déjà rendormi. Il a vraiment une sale tête. Il a besoin qu'on s'occupe de lui. Besoin de médicaments, d'un médecin, d'un lit. Je ressors l'enveloppe de la boîte à gants, retourne au *diner* et donne à Dan 40 dollars pour la chambre.
Faut remplir.
Il fait glisser la fiche et la clef dans ma direction. Je ne connais que le prénom de Bill, alors je lui invente un nom de famille, et j'inscris *Bill et Kat Smith* sur la fiche, avec l'adresse de Shila à San Francisco.
Mr et Mrs Smith, de San Fran, dit Dan et il rigole.
Je peux voir une carte d'identité ?

Volée. J'ai bien dit que j'avais eu une journée de merde, dis-je.
Je ne veux pas d'embrouilles, compris ?
Je hoche la tête et prends la clef.
C'est la numéro 3, la porte coince, des fois. Si besoin, je suis encore là pour un petit moment.
Merci.

Je retourne à la voiture et mets toutes les affaires dans le sac de sport de Bill, y compris sa tunique et la coiffe. Il ne reste plus qu'à trouver le moyen de déplacer ce géant jusqu'à la chambre du motel. Je fais le tour jusqu'à la portière passager et j'essaie de le réveiller. *Bill, debout, on va faire une pause ici. Allez, réveille-toi, viens.*
Bill ne voit rien, il n'a plus de forces. Je le prends par le bras et le conduis jusqu'à la porte n° 3. Il est brûlant, ses vêtements sont trempés de sueur, il doit avoir une fièvre de cheval, c'est sûr. La porte coince, comme promis ; je cherche l'interrupteur. La chambre est toute petite, miteuse, on dirait un décor de film. Une chance que Bill soit provisoirement aveugle. Un lit double au matelas affaissé fait face au téléviseur. Au plafond, un ventilateur bancal et, au fond, une salle d'eau avec douche et toilettes. J'enlève le dessus-de-lit et hisse Bill sur le matelas, il gémit, la chaussette remplie de glaçons tombe à terre. Je la ramasse et vais la nettoyer aux toilettes. Bill a peut-être des lésions internes, je n'avais pas encore pensé à ça. Peut-être même des lésions graves. Non. Non-non-non. Il faut trouver un moyen de faire tomber la fièvre. Il doit quitter ces vêtements trempés. C'est faisable. D'abord les bottes. Pas si facile, je bataille pour les lui enlever.

Ensuite, je défais la boucle de sa ceinture et tire sur son jean qui glisse petit à petit sur ses jambes, son ventre tremblotant à chaque à-coup. Je lui enlève ses chaussettes. Son tee-shirt. Il a un tatouage. Il est pratiquement imberbe. Aux toilettes, je prends une serviette que j'imbibe d'eau. Je la lui passe sur tout le corps avant de le couvrir.
Je reviens tout de suite, lui dis-je à l'oreille.

La porte du *diner* claque encore une fois derrière moi. Les deux camionneurs sont partis. Dan sort de sa cuisine. Je pose 10 dollars sur le comptoir.
Il me faudrait du vinaigre et plus de glace, dis-je.
Tu commences à me taper sur les nerfs, dit Dan en empochant le billet, puis il disparaît dans sa cuisine et en ressort avec une bouteille de vinaigre de cidre et un saladier plein de glace.
Attends, dit-il en fouillant dans un tiroir, sous le comptoir, dont il sort une vieille boîte de paracétamol.
Il doit encore y en avoir dedans. Je vais me coucher. Ma femme est là à partir de 6 heures.

Bill a repoussé la couverture. La fièvre lui donne des hallucinations, il gémit et dit des mots que je ne comprends pas. Je le couvre. Je nettoie le verre à dents, le remplis d'eau, sors deux comprimés de la boîte de paracétamol et force Bill à les avaler. J'imbibe une serviette d'un mélange d'eau et de vinaigre de cidre et l'enroule autour de ses mollets en serrant bien. Je lui frotte le corps avec quelques glaçons, puis avec l'autre serviette. Ensuite, j'emmaillote Bill dans un drap et lui pose la chaussette mouillée sur les yeux. Je lave son tee-shirt et le mets à sécher dans la douche. J'ai besoin d'aller aux toilettes.

Quand je baisse mon pantalon, quelque chose tombe à terre. La larme de la Terre Mère roule sous le lavabo. Je fais pipi. Je m'essuie. Je tire la chasse. Je ramasse la larme de la Terre Mère, je la remets dans ma poche et je sais ce que je dois faire : je retourne dans la chambre, sors la coiffe de Bill de son sac de sport, la pose sur ma tête et m'assieds en tailleur à côté de lui sur le lit. Je mets mes mains sur sa peau et j'imagine qu'elles irradient une lumière dorée capable de le guérir. Je lui tamponne le visage. Lui donne à boire. Change les compresses de vinaigre. Lui frotte le corps avec le reste de glace, puis avec les serviettes, et l'enveloppe à nouveau dans le drap. Après ça, je refais le coup de la lumière dorée. Et puis je recommence le tout jusqu'à sentir le feu faiblir dans son corps. Je le couvre avec le dessus-de-lit. Caresse ses cheveux épais. M'allonge à côté de lui. Allume la télé. Ils repassent *L'Agence tous risques.* Chalumeau en main, Barracuda est en train de transformer un tas de ferrailles en hélicoptère de combat.

À la fin, ça a été sa parole contre la mienne. Markus le cow-boy avait nié en bloc. Il avait prétendu ne pas être allé au lac et même déclaré qu'on lui avait dit que j'étais lesbienne et que j'avais de drôles de pratiques sexuelles, que les blessures constatées sur mon vagin pouvaient donc tout aussi bien provenir d'une bouteille de bière que j'y aurais moi-même introduite. *Est-ce exact?* a demandé le juge : *Êtes-vous lesbienne? Non*, ai-je dit, *je ne crois pas. Avez-vous eu des relations sexuelles avec une femme? Oui*, ai-je dit.

Ah tiens, a dit le juge, et il n'a pas posé d'autres questions. Quand l'affaire a été classée faute de preuve (il n'y avait ni trace de sperme dans mon vagin ni témoin), j'ai insulté le tribunal et écopé d'une plainte pour outrage à magistrat. J'ai été jugée coupable dans une deuxième procédure et condamnée à quelques heures de travaux d'intérêt général que j'ai passées dans un foyer pour handicapés.
J'ai bombé *RAPIST* sur le mur de la maison de ses parents et il a déposé plainte contre moi pour diffamation. Cette fois, c'est moi qui n'avais pas laissé de traces et il n'y avait pas de témoin. Par la suite, j'ai commandé toutes les pizzas de la carte chez un livreur du coin et donné son adresse. J'ai réservé des taxis qui venaient sonner à sa porte le samedi à 6 h 30. Et des années plus tard, quand j'ai eu vent de son mariage à venir (je faisais des études d'art et j'étais alors en résidence d'artiste à Tokyo), j'ai pris l'avion pour rentrer, je me suis fondue dans la masse des invités et quand la mariée m'a demandé comment j'avais rencontré Markus, j'ai répondu : *Lors d'un viol. Et toi ?* Shila lui a envoyé un cadeau de mariage, des crottes de chien de Paris où elle étudiait la philo.

Je me suis endormie. Quand je me réveille au petit matin, une émission de téléachat vante des produits dermatologiques. La respiration de Bill est calme, les hématomes qu'il a tout autour des yeux sont bleus, mais plus aussi gonflés qu'hier. Je pose une main sur son front. La fièvre a baissé. Je retire les compresses et le couvre plus chaudement. Dans la salle d'eau, je lave la serviette imbibée de vinaigre et me regarde dans le miroir. Je porte toujours la coiffe de

Bill, mes lèvres sont sèches et j'ai le nez qui pèle. Je prends un peu d'argent et repars chez *Dan's Diner.* Dehors, je découvre à la lumière du jour cette contrée désolée. Sur le parking, un camion, les deux voitures d'hier et notre pick-up. Ma chemise est toujours accrochée sur la surface de chargement. Je la défais et la noue sur mes hanches. Debout à l'arrière du pick-up, je tourne sur moi-même. Cet endroit est au milieu de nulle part, il n'y a tout autour que poussière et désert, des cactus, des montagnes au loin et l'autoroute.

Cheveux teints en rouge, la femme plus toute jeune qui se tient derrière le comptoir ne semble pas étonnée outre mesure que je porte une coiffe d'Indien, elle me dit bonjour, m'appelle *Honey* et se présente comme étant Doris. Je m'assieds au comptoir, elle me sert une tasse de café et me demande comment je veux mes œufs. Le camionneur est assis à une table et lit le journal, une feuille de chou quelconque avec des titres formés de quelques mots courts en grosses lettres rouges. Le café est amer, j'attrape un sachet de sucre dans le distributeur. Sur les cuisses aussi, j'ai la peau qui commence à peler. Je serais curieuse de savoir combien de miles j'ai marché hier sous le soleil avant d'atteindre la station-service. Hier. C'était seulement hier. Bizarre. Quelque part entre hier et New York, j'ai pris une déviation. Quelque part entre la station-service et New York, il y a ce type qui roule dans sa sale bagnole avec mon sac à dos dans son coffre. Doris reparaît et pose devant moi une assiette d'œufs brouillés bien gras et une bouteille de ketchup Heinz.
Best food in town, dit-elle. La blague.
Je demande : *Vous avez Internet, ici ?*

Doris pose ses deux mains sur les hanches.
À ton avis ?
À mon avis, non.
Est-ce que je peux téléphoner ?
Dehors, à côté du motel, y a une cabine téléphonique, dit-elle en approchant de mon assiette un présentoir avec du sel, du poivre et du Tabasco.
Encore un café ?
Non, merci, pas pour l'instant.
J'examine les œufs brouillés et je mets de côté sur le rebord de l'assiette les morceaux qui ne me reviennent pas. Je ne suis pas simple pour la nourriture. Je ne l'ai jamais été. Au Japon, cela m'a valu le surnom de *Miss Picky*. Impossible d'avaler ce qui bouge encore ou se débat, ce qui est visqueux ou gélatineux. Je prends la petite bouteille de Tabasco et en verse quelques gouttes sur les œufs brouillés. Je mords dans le coin d'un toast beurré. Quand est-ce que j'ai mangé pour la dernière fois ? Avant-hier. À San Francisco. Dans une autre vie.

Pendant mon séjour à Tokyo, je n'ai pas seulement appris à tisser le brocart traditionnel sur d'anciens métiers (mon travail artistique consistant dans les années suivantes à tisser le portrait de criminels dans le brocart) : je suis aussi allée régulièrement dans un temple zen où j'ai appris à rester assise calmement. Et le maître m'a enseigné ce truc sur le sens. Qu'il était en notre pouvoir de donner du sens aux choses ou de le leur retirer. J'ai tissé le visage de Markus le cow-boy, et il est venu agrandir ma série de criminels, rejoignant des dictateurs, des tueurs en série, un investisseur, des chefs des cartels de la drogue et un président russe, dans une exposition qui m'a

valu des prix et permis de voyager dans le monde entier. C'est aussi pour cela que je vis à New York maintenant. Pendant une exposition commune où étaient présentés deux de mes criminels, une galeriste est venue me parler. Elle a demandé combien de criminels il y avait sur ma liste.
Beaucoup, ai-je dit.
Je veux tous les rencontrer, a-t-elle dit.
Elle s'est présentée – Gulia, galeriste à Chelsea. L'endroit idéal, selon elle, pour mes criminels et moi. Elle m'a donné sa carte et m'a invitée à venir lui rendre visite. Ensuite, nous nous sommes saoulées à la vodka et nous avons échafaudé entre nous toute la saloperie du monde jusqu'à la voir s'effondrer sur elle-même comme un château de cartes. Depuis, c'est Gulia qui expose mon travail.

Dan passe la porte à battants. Il a l'air fatigué, il vient de prendre sa douche et dégage une forte odeur d'after-shave. Il tient dans la main un poste émetteur-récepteur qu'il pose sur le comptoir à côté de moi, puis échange avec Doris un regard vieux de vingt-cinq ans, salue le camionneur et allume la radio.
Alors, Grand Chef, déjà debout? demande Dan en s'asseyant à côté de moi.
Ouais, dis-je.
Et comment va ton ami?
Je crois qu'il est tiré d'affaire.
Ah. C'est une bonne nouvelle, ça. Dan prend une grosse gorgée de café. *Moi aussi, j'ai du nouveau pour toi.*
Je le regarde et cesse de mâcher.
Jeff a pris la route pour Vegas, hier, il vient d'arriver.
C'est qui, Jeff?

L'un des deux camionneurs qui étaient là hier soir. Tu te souviens de ce grand bonhomme charmant assis là-bas ?
Bien sûr.
C'est un pote à moi. Et il a un pote dans un garage à Vegas. Tu vois ce que je veux dire ?
Non.
Bon, il a trouvé à Vegas les bougies qu'il te faut pour ta bagnole et il les a données à un autre pote. Qui va passer ici aujourd'hui. Il devrait être là dans trois heures. Qu'est-ce que tu dis de ça ? Dan boit une gorgée et sourit en coin.
Et moi qui croyais que tu étais un sale con, dis-je.
C'est ce que je suis, dit Dan.
Et comment, dit Doris.
Merci, dis-je encore, en pensant que tout n'est pas complètement perdu tant qu'il y a sur terre des gens comme Dan, comme Jeff et comme Doris.
Je commande un thé pour Bill, paie, demande qu'on me rende assez de *quarters* pour téléphoner et retourne voir dans la chambre 3 comment va Bill. Il dort paisiblement. La chambre empeste le vinaigre. J'ouvre la fenêtre et je mets en marche le ventilateur bancal : le bancaliteur ventile et grince. Je n'ose pas regarder, je le vois déjà se détacher du plafond. Je pose le thé sur la table de nuit près de Bill et touche son front. Il est chaud, mais sec. Bientôt 8 heures. Je laisse Bill dormir et vais à la cabine téléphonique plantée devant le bâtiment. J'appuie sur le zéro.

Operator, *que puis-je faire pour vous ?*
Je voudrais passer un appel en PCV.
Un instant. À quel numéro ?
Il faudrait que vous le cherchiez pour moi.
Le nom de l'abonné, s'il vous plaît ?

Shila Kermani.
Vous pourriez me l'épeler ? Prénom ?
Shila. S-H-I-L-A.
Nom de famille ?
Kermani. K-E-R-M-A-N-I.
Quel État ?
Californie.
J'ai un résultat à Berkeley et un numéro de portable.
Mettez-moi en relation avec le portable, s'il vous plaît.
C'est de la part de ?
Katharina.

Shila et moi n'avons jamais coupé les ponts. Nous sommes deux femelles éléphants, notre amitié est profonde. Shila est partie aux États-Unis un an avant moi. Elle a suivi à Berkeley une philosophe spécialiste de la théorie du genre, et elle écrit maintenant sa thèse sous sa direction. Shila est polyamoureuse, elle vit avec deux partenaires, une femme et un homme, dans une petite maison de l'époque victorienne. Je ne suis pas polyamoureuse. Je suis jalouse. Je ne peux laisser m'approcher qu'une seule personne à la fois. Après Shila, il n'y a plus eu personne pendant un long moment. Et puis il y a eu Kim. Et puis Sebastian. Et puis il y a eu un grand chaos. Depuis que je suis à New York, je suis seule. C'est étrange. Tant de gens qui, tous ensemble, forment un désert.

Il est encore tôt, mais la chaleur est déjà écrasante. Je ferme la fenêtre et m'allonge à côté de Bill, sous le ventilateur. Il essaie d'ouvrir les yeux, ses paupières gonflées frémissent, mais il ne parvient pas à les soulever.

Tout va bien, dis-je, *chhhh.*
Sa respiration s'apaise et redevient régulière. Je crois qu'il va mieux. Je renifle mes aisselles en pensant : *Castor*. Une douche, ce serait plutôt une bonne idée. Ce serait même une très bonne idée. Mais pour ça, il faudrait que je me lève. Il faudrait…

Je me réveille en sursaut parce que Bill me caresse le bras en répétant mon nom.
Kat. Réveille-toi. Kat.
J'ouvre les yeux. Les rideaux sont ouverts. À la télévision, une publicité aux allures de reportage présente une ceinture anti-graisse abdominale. Bill vient de prendre sa douche, il porte ses lunettes d'aviateur, la casquette de la station-service *Jet* et des vêtements propres. Sa main me caresse les cheveux, il effleure les plumes de sa coiffe. Tout à coup, je me sens stupide, comme si j'avais profané son costume, comme si j'avais fait quelque chose d'extraordinairement bête, comme si je n'étais pas en droit de porter ces plumes, et encore moins de m'endormir avec et de les abîmer.
Je suis désolée, dis-je.
Tout va bien, Sacagawea, dit Bill.
On n'a pas réussi, dis-je, *la cérémonie…*
Chut…, dit Bill, *merci pour ce que tu as fait pour moi.*
Jeff nous a trouvé des bougies.
Avec Dan, on les a déjà montées, dit-il.
C'est bien. Comment tu te sens ? je demande.
Mieux, dit-il, *j'ai mal à la tête et je n'y vois pas bien…*
Estime-toi heureux. La chambre est tellement moche que tu en tomberais à la renverse. Bill rigole.
Tu vois à ma place, maintenant, dit-il.

La salle de bains empeste toujours le vinaigre. Je prends la douche la plus brève de l'univers et enfile mes vêtements sales. Je mets les affaires dans le sac de sport, fais le lit, prends les cigarettes, la clef de la chambre, la coiffe et l'enveloppe avec l'argent, me retourne encore une fois et parcours la pièce du regard, puis appuie sur le déclencheur d'un appareil photo imaginaire. Là. Maintenant. Clic.

Le parking est vide. Il ne reste plus que notre pick-up. Bill est assis dehors, dans l'ombre étroite du *diner*, il discute avec Dan.
Howdy, Grand Chef Grasse Matinée, lance Dan.
Hugh, dis-je en levant une main, puis je les rejoins et rends sa coiffe à Bill.
C'est la tienne, maintenant, Sacagawea, dit-il et il me la pose sur la tête.
Dan sourit en coin. Je ne suis pas douée pour les adieux, je me dépêche de bourrer le sac de sport derrière le siège passager du pick-up.

La clef est sur le contact, dit Dan.
Combien je te dois pour les bougies et la main-d'œuvre ? je demande.
C'est déjà payé, dit Dan en montrant Bill.
Dan, merci.
Pas de quoi.
Je lui rends la clef de la chambre et en profite pour lui glisser 100 dollars.
Pour Jeff et Ted, dis-je. *Fais-leur des burritos dignes de ce nom.*
C'est trop, dit Dan.
Alors fais-leur dix fois des burritos dignes de ce nom. Tu es cool, Grand Chef.

Toi aussi.
Doris a encore quelque chose pour toi, elle est à l'intérieur. Et après, fais-moi le plaisir d'embarquer ton ami, là, et de l'emmener au pow-wow.

Doris est assise au comptoir, elle lit le journal. La porte claque derrière moi. Doris lève la tête et écarte les bras.
Viens là, Honey. Ton ami Bill a raconté à Dan ce qui t'est arrivé. Et Dan me l'a raconté. Toutes tes affaires volées, ma pauvre.
Doris me serre contre sa poitrine, fait le tour du comptoir et pose un sac en papier entre nous. Elle en sort peu à peu le contenu.
Je t'ai fait un petit colis de survie. Une bouteille d'eau. Et là, regarde, de la crème solaire. Il faut que tu en mettes. Et de l'aloe vera. C'est juste un reste, mais ça fait du bien le soir. Contre ton coup de soleil. Un déodorant, je me suis dit, peut-être, enfin, il ne sent pas fort. Et puis, j'ai encore quelques… enfin, moi, je ne rentrerai plus dedans. Tiens. Une culotte. Bon. Ce n'est pas la grande classe, mais c'est ce qu'on portait autrefois. Un short. Et un chemisier. Fais-moi plaisir et prends le tout.
Je ne sais pas quoi dire, dis-je.
Juste merci, ça suffit.
Merci, Doris.
Si tu veux, tu peux te changer tout de suite, les toilettes sont là-derrière.

Dix minutes plus tard, je sors de chez *Dan's Diner*, la porte claque derrière moi, Dan et Bill se retournent et ricanent. Je porte le microshort de Doris, chemise nouée sur le ventre. Coiffe de plumes sur la tête.

Dan siffle. *Doris, c'est toi ? Tu as rajeuni de trente ans.*

Sexy, dit Bill.
La ferme, dis-je.
Time to say goodbye, dit Dan.

Je tourne la clef dans le contact, le moteur et la radio démarrent, je prends les lunettes en plastique vert posées sur le tableau de bord et les mets.
Quel beau couple, lance Dan par la fenêtre ouverte, *revenez nous voir quand vous voulez.*
Nous partons, Dan et Doris nous font signe. Je fais les sous-titres.
Dan et Doris nous font signe, dis-je. Nous agitons la main nous aussi.
Une cigarette ? je demande.
Oui, dit Bill.
J'appuie sur l'allume-cigare. Nous roulons. Le vent s'engouffre dans les fenêtres. Et la musique dans nos oreilles. Nous sommes deux dauphins dans l'eau. L'un d'eux est presque aveugle. Nous pourrions être des héros. Pour un jour seulement. Moi, je serais le roi. Et toi, tu serais la reine. *Clac*, dit l'allume-cigare. Je prends deux Marlboro dans le paquet, les allume et en donne une à Bill.
Ce sont des cigarettes de cow-boy, dit-il.
Je sais, dis-je.
Qu'est-ce que tu vois ? demande Bill.
Le pays de ton peuple.
C'est comment ?
C'est beau, dis-je.
Dans les années 1950 et 1960, ils ont fait des essais nucléaires ici, dit Bill.
On ne voit rien de tout ça. Le paysage s'étale, l'air de rien, comme il s'étalera encore dans de nombreux millénaires.

Il y a une chaîne de montagnes qui s'appelle Shoshone Mountains, dit Bill.
J'aimerais bien y aller, dis-je.
Qu'est-ce que tu ferais là-bas ? demande Bill.

Un jour, je me suis réveillée en sachant que c'était fini. Je suis allée voir Gulia à la galerie et je lui ai dit que j'avais besoin de récupérer l'un de mes criminels. J'ai fait enlever de son cadre le brocart brodé à l'image de Markus le cow-boy et je l'ai emporté chez moi. Le soir, j'ai allumé un feu sur ma terrasse. La lune était suspendue au-dessus des lumières vertes de l'Empire State Building, et j'ai déposé Markus le cow-boy dans les flammes. Je l'ai vidé de son sens, il a perdu son emprise sur moi. Les flammes ont dévoré son visage, l'ont défiguré, l'ont réduit en cendres. Il est devenu quelqu'un, n'importe qui, qui avait un jour croisé mon chemin.
J'ai mis les cendres dans une boîte. J'ai fait mon sac à dos et j'ai pris l'avion pour San Francisco. Sans prévenir, je me suis trouvée devant la porte de Shila, je lui ai montré la boîte et j'ai dit : *On a quelque chose à enterrer.* Elle a dit : *Qu'est-ce que je suis contente.* Nous avons pris la voiture et traversé ensemble le Golden Gate Bridge pour aller à la campagne, à Marin County, puis nous avons marché jusqu'à la mer et, au coucher du soleil, nous avons dispersé les cendres dans les vagues. Shila n'a pas posé de questions. Je crois qu'elle savait. Je ne suis restée que quelques jours, après quoi j'avais prévu de rentrer en voiture à New York. Sur un site de covoiturage, un type cherchait un deuxième conducteur, on devait se relayer au volant et atteindre la côte Est trois jours plus tard. Malheureusement, le

type était un connard. Dans la vallée de la Mort, sa main s'est retrouvée dans mon entrejambe. Je lui en ai retourné une, je suis descendue de voiture et il a mis les voiles. La station-service la plus proche était à plusieurs miles de là.

Je suis dans la réserve de Duck Valley, assise sur un rocher, et devant moi se dresse un Indien. Il porte une casquette jaune de la station-service *Jet*, une tunique avec, en plastron, un motif géométrique formé par de longs bâtonnets en os, et des mocassins brodés de perles. Son nom est *Neige d'automne*, et il a deux yeux bleus. Nous nous connaissons depuis toute une vie déjà, et cette vie a duré deux jours.
Neige d'automne me tend une couverture et une bière et s'assied à côté de moi. Nous regardons le soleil se coucher. Je suis fatiguée. Je ne suis pas obligée de parler, le silence n'est pas un problème et nous n'avons pas besoin de bavarder pour nous sentir à l'aise, c'est bien.
Une cigarette? demande *Neige d'automne* au bout d'un moment.
Oui.
Nous fumons.
J'avais un tomahawk, avant, dis-je.
J'avais un téléphone portable, avant, dit *Neige d'automne.*
Derrière nous, ils se remettent à jouer du tambour. Des chants s'élèvent. Quelque part derrière les montagnes, le soleil a disparu. Le ciel allume peu à peu ses étoiles et nous retrouvons notre place au bord de la galaxie.

Il faut d'abord devenir qui on est, dit *Neige d'automne. Je suis heureuse que tu sois devenu celui que tu es*, dis-je en plongeant la main dans la poche gauche de mon pantalon, et j'en retire la petite pierre noire. *Si j'étais dans les Shoshone Mountains*, dis-je, *je creuserais un petit trou et j'y mettrais cette pierre.*
Je pose la pierre dans la main de Bill et referme ses doigts dessus.

STELLA POLARIS

Un mot sur la table de la cuisine
Rédigé le 20 juin

Vais "chercher des cigarettes".
Polaris

Première carte postale
Cachet du 20 juin, Munich, Allemagne

Ne t'en fais pas, je vais bien. 30 °C à l'ombre et, devant moi, une bière bien fraîche. Ce qu'on appelle ici "fromage de foie" n'a rien à voir avec du fromage. Reste où tu es.

Je cherche.
Polaris
PS : Pour l'instant, mon téléphone reste éteint.

Sur la carte : la Marienplatz et une foule d'hommes en costume traditionnel. Des drapeaux bavarois flottent au vent.

Deuxième carte postale
Cachet du 23 juin, Rome, Italie

Surtout, ne viens pas, Rome étouffe de trop de touristes. C'est affreux : les Américains sont bruyants, les Asiatiques ne se déplacent qu'en essaim, les Allemands, en sandales et en beige infroissable. C'est sans doute aussi pour ça que les habitants sont désagréables et la nourriture hors de prix : ils veulent garder leur belle ville pour eux. J'extirpe de ma boîte à vocabulaire des phrases italiennes pleines de poussière mais rondes en bouche. Mon hôtel n'a que deux étoiles. La chaleur me pousse de jour sous le ventilateur et de nuit dans l'insomnie. Je ferais bien un truc marrant avec le pape, mais je n'ai pas d'idées.

Polaris

Sur la carte : un portrait du pape Benoît XVI. Il donne sa bénédiction.

Troisième carte postale
Cachet du 23 juin, Rome, Italie

Le Vatican, c'est surévalué. La chapelle Sixtine aussi. J'ai déjà eu de plus grands moments d'illumination. En Thuringe, par exemple, dans la forêt, sous les hêtres qui se déparaient sans bruit de leurs feuilles. Et pourtant, il se produit ici quelque chose d'exceptionnel : surgissant de toute part, l'Histoire me saute dessus et, du haut de ma pauvre petite vie humaine, je me sens bien minuscule. Devant les combats de gladiateurs, mes problèmes se réduisent à une peau de chagrin risible. C'est déjà ça. Tiens le coup.
Je me bats pour toi,

Polaris

Sur la carte : le Colisée. Le ciel est clair.

Quatrième carte postale
Cachet du 25 juin, Naples, Italie

Si j'ai atterri à Naples, c'est par hasard : à Roma Termini, j'ai tout simplement pris le premier train qui partait. Pendant le voyage, en regardant mon reflet dans la vitre du train, j'ai ressenti comme un éloignement. Comme si quelqu'un d'autre avait pris toutes les décisions. Coupe de cheveux. Formation. Travail. Amour… Je ne pouvais pas m'empêcher de penser : qui est cette personne ? Et qu'est-ce que tu attends d'elle ?

Cumme, cazzo, coce ?
Polaris

Sur la carte : la baie de Naples et le Vésuve en arrière-plan.

CINQUIÈME CARTE POSTALE
CACHET DU 26 JUIN, NAPLES, ITALIE

Suis en train de boire le meilleur expresso de ma vie dans un petit troquet, sur le port de Naples. Au bout de trois tasses, mon sang danse le charleston. J'ai lancé une pièce de monnaie pour connaître la suite. Face. Ce qui fait que j'attends le ferry pour Ischia. Peut-être trouverais-je sur l'île un peu de sérénité. Est-ce que tu peux me dire pourquoi tu m'aimes ? Je n'ai pas de réponse, ou alors ce sont des réponses débiles.

Cha-cha-cha,
Polaris

Sur la carte : une vieille Italienne et un âne devant une maison en pierre. L'âne ne regarde pas dans l'objectif. L'Italienne non plus.

Première lettre
Cachet du 28 juin, Ischia, province de Naples, Italie, rédigée au dos d'un set de table du restaurant "Da Giovanni"

C'est la nouvelle lune, et je suis sur la terrasse avec un verre de vin blanc bien frais. J'ai pris une chambre pour quelques jours. Le temps est superbe. La mer d'un bleu profond. Et pour parfaire la liste des renseignements obligés : on mange divinement bien. Je me dépare de tout comme, en automne, l'arbre de ses feuilles ou comme le lézard de sa queue. Sur la plage, chez Giovanni, j'ai mangé des bruschettas si délicieuses qu'elles me serviront sans doute de référence pour tout le reste. Ce qui est simple est parfois si bon. Une sagesse qui pourrait figurer sur un calendrier, et peut-être pas qu'au sens culinaire. Ici, les citrons sont gros comme les poings d'ouvriers du BTP.

Sens-moi ça !
Polaris
PS : je sais que je te dois tout. Une explication. Une réponse. Une vie peut-être.

Dans l'enveloppe : une feuille de citronnier, une branche de romarin, quelques feuilles de sauge.

Sixième carte postale
Cachet effacé et illisible, sans doute du 30 juin, Ischia, province de Naples, Italie

Un rêve devenu réalité : j'ai appris à conduire une Vespa. D'abord tout autour de la place, où j'ai failli causer trois accidents. Sous un tonnerre de klaxons et d'insultes (porca puttana, testo d'cazz', stupida, puttana eva, etc.), on m'a pardonné les premiers tours. Sentir le vent en roulant, ça m'a tellement plu que cette vieille bécane est désormais la mienne. J'ai troqué ma valise contre un sac à dos. Ce qui ne rentrait pas dedans, je l'ai laissé là. La route continue, jambes au vent. Sur ma peau, un parfum de sel et d'indice 30.

Bye-bye,
Polaris

Sur la carte : une Vespa des années 1960.

Septième carte postale
Cachet du 2 juillet, Lacco Ameno, Ischia, province de Naples, Italie

Tour de l'île en Vespa, sur la route qui longe la côte. Je me sens comme Neil Armstrong. Un petit pas pour une touriste, mais un grand pas pour Polaris. J'aurais voulu ne jamais m'arrêter, sauf qu'il n'y avait presque plus d'essence, alors j'ai fait une halte à la station-service la plus proche. J'ai gardé mon casque de cosmonaute sur la tête et j'ai regardé autour de moi : dans l'ombre étroite du bâtiment, posées sur leur chaise en plastique, deux grosses Italiennes avec des lunettes de soleil, cheveux / tee-shirts / pantalons sales. Trois pompes à essence plantées dans le soleil. Rien ne bougeait, sauf moi. Sur la première, il n'y avait rien, et sur les autres pompes, des pancartes en carton annotées à la main : 95 et 98. Le mot "octane" a tournoyé dans mon esprit, en même temps que la question de savoir ce que je devais mettre dans mon vaisseau spatial. Ploum ploum : j'ai choisi le centre et adressé une mine dédaigneuse aux chaises en plastique. Cazzi.

"Make it so."
P.

Sur la carte, toute décolorée : le mont Époméo (île d'Ischia).

Huitième carte postale
Cachet d'Ischia, province de Naples, Italie, date illisible

La mer, cette pauvre diva, a une fois de plus enfilé sa robe turquoise. Elle se cogne les tibias contre les rochers de Zaro (comme moi) et sa mise en plis a un goût de sel. Je me suis battue contre elle, je lui ai donné des coups de pied et elle m'a recrachée. Épuisée, je me suis allongée avec ma serviette au creux d'une pierre chaude. Une mère et son fils obèse pêchaient des oursins et des coquillages au fond de l'eau. Ils ont ouvert les boules hérissées de piques avec un couteau et m'ont offert l'une de ces coupelles tapissées d'orange. Je n'ai pas osé refuser. Le goût était décevant. Au retour, dans une petite forêt, un nuage noir au-dessus d'une mare : des milliards de milliards de moustiques. Je me suis arrêtée et je me suis laissé piquer…

Encore un peu.
Polaris

Sur la carte : Ischia au crépuscule.

Deuxième lettre
Cachet du 3 juillet, Ischia, province de Naples, Italie

Mon amour,
j'ai suivi la côte par des routes sinueuses qui n'en cessaient pas de monter à la rencontre du mont Époméo. Sur le bord de la route – j'en avais déjà vu les jours d'avant, sur toute l'île –, il y avait des affiches avec des faire-part de décès, de naissance et de mariage, souvent accompagnés d'une photo du défunt ou du bébé, ou de deux anneaux symboliques… J'ai pensé à nous et je me suis soudain sentie très triste.
Est-ce que je suis en train de tout fiche en l'air ?
Dans un patelin, je me suis arrêtée dans une petite église et j'ai ouvert la lourde porte en bois : c'était l'heure de la messe, toutes les têtes se sont tournées vers moi. Je me suis figée, tout étonnée de constater qu'on était dimanche et que j'avais perdu la notion du temps, je me suis demandé depuis combien de temps maintenant j'étais partie, j'ai fait un pas en avant, je me suis arrêtée devant le bénitier, j'y ai trempé la main droite et j'ai fait un geste un peu approximatif dont j'ai pensé qu'il ressemblait à un signe de croix. Les têtes se sont retournées de l'autre côté.

La nef était très simple, avec une statue de la Vierge devant l'autel, et un Jésus crucifié pendu derrière. Les quelques bancs étaient tous occupés. Un prêtre en soutane verte déblatérait son prêche. Dans le bénitier, il y avait des vers. Sans blague. Les fidèles psalmodiaient leur livre de chant, c'était à mourir de rire et, pourtant, j'ai été étrangement touchée. Par leur cohésion, par tous ces jeunes dans l'assemblée. Par les enfants qui allaient et venaient comme bon leur semblait. Par ce village réuni. Une image de la Vierge était scotchée sur l'autel. De temps en temps, apparemment sans règle bien précise, le prêtre allait chercher dans une pièce attenante les objets nécessaires à cette messe, si modeste fût-elle. Ensuite, il y a eu le Notre Père en italien. Pace et Amen. Et puis les bises, les embrassades – pour moi aussi. Pace. Avant de partir, j'ai jeté encore un coup d'œil aux vers de l'eau bénite et reniflé ma main droite.
J'aurais aimé partager ça avec toi.

À toi.
P.

Neuvième carte postale
Cachet du 3 juillet, Ischia, province de Naples, Italie

J'ai visité aujourd'hui le Castello Aragonese. *C'est une forteresse sur une île minuscule, face au port d'Ischia. Le plus impressionnant : le caveau des nonnes. C'est là qu'on installait les nonnes décédées, bien droites sur des sièges spéciaux en pierre, tandis que chaque jour, dans la même pièce, la communauté des nonnes vivantes méditait sur la mort à côté des corps en décomposition. Chez moi, c'est tout le contraire. Chaque jour, je médite sur la vie au milieu des vivants.*
Cet après-midi, j'ai rallumé mon téléphone et écouté, en plus de tes messages, l'annonce de mon licenciement sans préavis.

Tu me manques aussi.
Polaris

Sur la carte : le caveau souterrain du couvent des Clarisses, au *Castello Aragonese.*

Dixième carte postale
Cachet du 5 juillet, Naples, Italie

Depuis des jours, le Vésuve faisait signe de loin. J'ai pris le ferry ce matin pour rejoindre la côte et j'ai grimpé. Enfin "grimpé" : j'ai presque pu aller jusqu'au sommet en Vespa. Ensuite, debout au bord du cratère, j'ai tout à coup entrevu la fragilité des choses. Et en même temps, j'ai senti une force immense monter en moi. Il y avait dans ce volcan quelque chose d'à la fois féminin et masculin, quelque chose qui formait une unité. Ne ris pas : j'en suis tombée sur le sol de lave couvert de lichens. Allongée là, j'ai pleuré. Demain, je vais voir Pompéi.

Ta pleureuse,
Polaris

Sur la carte : une vue plongeante du Vésuve.

Onzième carte postale
Cachet du 6 juillet, Pompéi, Italie

Il faut que tu voies ça avant de mourir, je reviendrai même avec toi. Impossible de le dire avec des mots : une ville tout entière à la fois rayée de la carte et figée dans le temps. Allongés dans leur lit, ses habitants morts n'ont toujours pas fini d'être surpris. Leur pain est encore dans la boulangerie. Un instant, cette manifestation corporelle de la vie dans la mort a fait de moi une voyeuse : ce n'est pas de l'art, c'est du quotidien. Et je me suis dit que si c'était moi qui avais dû être allongée là, j'aurais voulu que ce soit à côté de toi. Que des gens viennent nous regarder dormir, deux mille ans après, ça ne me dérange pas. Nous ne devrions plus nous disputer.
Incroyable : le nombre de vies humaines qui ont été nécessaires pour arriver à mon existence. Espérons qu'aucun des morts n'est déçu. Les vivants me suffisent.

Du temple de la Fortune Auguste,
Polaris

Sur la carte : le temple de la Fortune Auguste, dans la Pompéi antique. En arrière-plan, le Vésuve.

Douzième carte postale
Cachet du 7 juillet, Salerne, province de Salerne, Italie

Je continue ma route, je descends la côte. Les virages sont parfois si étroits qu'on en vient presque à s'arrêter. Je me trouve courageuse, mais je me fais quand même doubler tout le temps : les Italiens ont sept vies. Un petit chat avait utilisé toutes les siennes, son corps aplati, terrible, gisait sur l'asphalte, et j'ai vu son crâne éclaté passer à côté de ma cheville.

En silence,
Polaris

Sur la carte : Amalfi de nuit.

TRÉIZIÈME CARTE POSTALE
CACHET DU 9 JUILLET, SCALEA, PROVINCE DE COSENZA, ITALIE

On m'a volé mon sac à dos.
Et ça ne fait rien, au fond.
Ne t'inquiète pas.

Légère,
Polaris

Quatorzième carte postale
Cachet du 10 juillet, Milazzo, Sicile, Italie

Aujourd'hui, j'ai pris une chambre à la Casa Maria, chez une grosse mamma italienne qui cuisine divinement bien et ne me laisse pas sortir de table avant que j'aie avalé trois plats. Elle m'a demandé pourquoi je voyageais seule, et elle a tout de suite vu qu'elle avait commis un impair. Alors elle m'a apporté une grappa et le dessert.

Avec tout mon amour,
P.
PS : Maintenant, je porte un fedora.

Sur la carte : un vieil homme coiffé d'un chapeau Fedora sommeillant à l'ombre d'un olivier.

QUINZIÈME CARTE POSTALE
CACHET DU 12 JUILLET, PROVINCE DE MESSINE, ITALIE

J'ai vendu la Vespa, je ne pouvais de toute façon pas l'emporter à Stromboli. La batterie de mon téléphone portable est vide. Le chargeur était dans le sac à dos.

Affamée, fatiguée,
Polaris

Sur la carte : l'île de Stromboli à la tombée du jour, vue depuis la mer. Le volcan crache de la lave.

Seizième carte postale
Cachet du 16 juillet, Stromboli, province de Messine, Italie

Je loge chez un vieux pêcheur, à Ginostra. Il s'appelle Enzo. Sur l'île, il y a deux localités et, entre les deux, un volcan. Ginostra, ce sont vingt-sept habitants. Devant la maison d'Enzo fleurissent de magnifiques bougainvilliers. À part ça, il n'y a pas grand-chose ici.
Au-dessus du cratère, un petit nuage de fumée.

Sereine,
Polaris

Dix-septième carte postale
Cachet du 20 juillet, province de Messine, Italie

Ma réponse est : oui.
Viens. Et apporte la bague.
Je t'attends ici.

Sans réserve,
Polaris
PS : Enzo est un sage.
PPS : Tu me trouveras à Ginostra, sur l'île de Stromboli, il suffit de demander Enzo et Tedesca.

Sur la carte : le village de Ginostra, Stromboli. Des bougainvilliers en fleur.

NOMS ET PRÉNOMS.
ANIMAUX.
MÉTIERS.

On sonne et, soudain, dans l'encadrement de la porte, c'est toi, après toutes ces années, dans ta tenue de citadin, qui souris et dis "Salut".

"Bonjour, Björn", je dis, et c'est bizarre, ça sonne faux, parce que je t'appelais toujours Kuhni, avant, un diminutif de Kuhnert, ton nom de famille ; mais maintenant, tu es Björn parce que tu reviens après quinze ans d'absence, et je ne parle même pas des lunettes, de ta coupe asymétrique et de ton sac branché signé d'une marque qui se prend pour un jour de la semaine. Moi, je suis là, les mains dans des gants en caoutchouc, de la mousse de produit vaisselle dans les cheveux qui me tombent sur la figure et que j'essaie d'écarter. Tu souris et tu me serres dans tes bras. Tu me tiens serrée contre toi, longtemps, comme un grand frère, en faisant le bruit d'un dinosaure. Grrr.

"Je peux entrer ? tu demandes.

— Oui, je dis, bien sûr." Je me retourne, mon pantalon de jogging glisse sur mes hanches et, sous mon tee-shirt, je ne porte pas de soutien-gorge. Je n'imaginais pas nos retrouvailles ainsi.

"Ah, oui", tu fais, et tu examines les pièces, tu dis que c'est sympa chez moi, que j'ai bien redécoré la

maison et que tu te souviens de l'odeur qu'il y avait ici, avant.
"C'est dingue, tu dis en m'examinant de haut en bas, quel âge tu avais quand je suis parti ?
— Quinze ans.
— Et maintenant ?
— Tu ne sais pas compter ?"

Tu as apporté du champagne, je n'ai pas de verres pour. J'éteins la télé et je finis la vaisselle. Tu mets la bouteille au frais et tu prends le torchon pour essuyer, sans poser de questions. Je suis contente qu'il ne faille pas parler pour le moment. Tu n'arrêtes pas de me regarder, ça me fait rougir, tu enregistres tout, chaque mouvement, chaque meuble, je me sens comme une petite provinciale. Ton regard est celui d'un visiteur dans un musée : je suis une "restée-sur-place", un squelette de dinosaure. Seul dénominateur commun : notre jeunesse au village.
La vaisselle est finie, nous nous installons dans les vieux canapés avec le champagne et prenons les verres à moutarde de grand-mère, tu qualifies ça d'adorable faute de goût, ces verres sont les miens maintenant, comme cette maison est aussi la mienne parce que c'était écrit dans le testament. Je te demande si tu as faim, tu hoches la tête et tu dis que juste une tartine, ça ira, je t'en prépare une pendant que tu ouvres la bouteille en faisant des manières, pas de gros bruit de bouchon qui saute, juste un *Pffft*, et tu nous sers.
"C'est du bon pain, je dis, et du bon fromage, de l'épicerie." De mon épicerie bio.

Tu fais : “Hm” parce que tes parents t’ont peut-être dit que j’avais une épicerie à moi, en tout cas tu ne poses pas de questions. “Santé.”

Le champagne que tu n’as pas apporté pour nos retrouvailles mais parce que ton travail de journaliste a été récompensé par un prix, un prix de citadin, fouette la langue et le palais, grésille jusque dans mes pupilles, je préférerais une bière, mais je fais quand même mine de savourer. Crac, le gros cornichon se casse en deux morceaux, et tu demandes en mâchant comment je vais. “Bien”, je dis, beaucoup trop vite parce que cette question, c’est trop me demander, et je te retourne un “Et toi ?”.
Entre deux bouchées, tes lèvres cernées d’une barbe citadine de dix fois trois jours déversent plein de mots dans ma tête de villageoise et, sans le vouloir, je dis que je suis contente de te voir. Je ne sais pas pourquoi j’ai dit ça. C’était un mensonge.

Tu souris et tu te ressers un verre.
“Tu as réussi, je dis. Tu as laissé la puanteur derrière toi pour aller dans le monde. Moi, je sens toujours la ferme. Je ne partirai plus d’ici.
— Je pensais que tu ne voulais pas.
— Mes parents ont vendu des terres et sont passés au bio. Moins de vaches et, à la place, du fromage, du beurre et des légumes. Je tiens l’épicerie du village.
— Oui. Ma mère m’a dit.”
Un court silence.
“Tu en veux aussi encore une gorgée ?”

Avant, nous étions inséparables. Toi, ma sœur Monica et moi. Petite, déjà, j’étais folle amoureuse

de toi. Mais vous étiez dans la même classe, et moi, j'avais trois ans de moins. Avant, nous avions une langue des signes secrète, des jumelles et des cordes à linge tendues entre nos fenêtres. Nos lettres étaient écrites au jus de citron, et nos messages secrets, accrochés avec des pinces à linge sur la corde coulissante, passaient d'une fenêtre à l'autre. Quand Monica a commencé à avoir des seins et toi des poils de barbe, un gouffre s'est tout à coup ouvert entre nous, et mes messages secrets sont restés sans réponse. Le dimanche après-midi où tu as dépucelé Monica entre ses peluches, dans la chambre d'à côté, j'ai poussé à fond le volume de ma chaîne hi-fi et souhaité d'être morte.
Le lendemain, je suis quand même allée au lac avec vous. Aux endroits stratégiques, j'avais bourré mon maillot de bain de papier-toilette, mais vos têtes s'enchevêtraient tout le temps et vous n'avez rien remarqué. Pendant une plongée en solitaire, j'ai arraché mes seins en pâte à papier gorgée d'eau et je les ai laissés voguer au fil de l'eau.

"Pourquoi est-ce que tu es restée ?
— À cause de Monica."
Ce devait être trois semaines avant le début de ton service civil – le jour où Thees a embrassé l'arbre d'une allée avec la voiture de ses parents et ma sœur dedans. Elle est morte comme ça, tu es parti essuyer le derrière des vieux et j'ai été virée du lycée. Évidemment que je suis restée. Parce qu'il n'y avait plus que moi et que mes parents se noyaient dans leur chagrin. Mais il n'y avait pas que ça. Il y avait aussi autre chose.

“Je comprends.”
Tu ne comprends rien du tout. Son cercueil n’était pas en terre depuis vingt-quatre heures que nous étions couchés dans le foin. J’étais hébétée, abandonnée, et quelque chose en moi était aussi bancal qu’une chaise à trois pieds. Je sentais la menace du double abandon et tentais d’arrêter le temps. Nous étions allongés en chien de fusil, et puis tes mains se sont posées sur mes seins pendant que tes larmes mouillaient ma nuque et que ton sexe dur se frottait à mes fesses. Tu as relevé ma jupe, baissé ma culotte, et je savais que ce qui allait se passer n’avait encore jamais été. Je me suis mordu le bras tout le temps, pas à cause de la douleur, je l’aurais supportée, mais parce que je n’étais pas Moni. Tu t’es détaché de moi, et tu es sorti de la grange et de ma vie.
Ta main est posée sur le dossier du canapé, derrière mon épaule, et ça me met mal à l’aise. Je me penche vers la bouteille, mais tu veux être poli, tu devances mon geste et nos bustes se touchent. Tu prends la bouteille comme un sommelier, tu me sers la dernière gorgée et tu dis :
“Il y a encore du champagne à la cave ?” Ah ah. Blague de citadin.
“Je crois que nous avons bu toute cette cuvée, je dis, mais il y a de la vodka dans le compartiment à glace.
— Ne bouge pas !” tu dis, et tu vas à la cuisine, je trouve ça déplacé, pour qui est-ce que tu te prends que tu te sentes en droit de fouiner dans mon compartiment à glace, et tu reviens avec ton butin, plein d’assurance. “Encore à moitié pleine”, tu dis, et tu esquisses quelques pas de danse dans le salon. Je ne peux pas m’empêcher de penser à une fouine. Peut-être à cause du jean moulant ou parce que

tout ton corps, si long et fin, se tord et que dans ta bouche étincellent des tas de petites dents pointues. Incroyables, ce naturel et cette rapidité avec lesquels tu occupes l'espace, comme si tout ici t'appartenait.

Après la deuxième vodka, je dis : "J'étais amoureuse de toi.
— Vraiment ? tu demandes en te rapprochant.
— Vraiment, je dis. Raide amoureuse.
— Pourquoi est-ce que tu ne me l'as jamais dit ?
— Je te le dis maintenant. J'ai même fouillé dans tes poubelles.
— Quoi ?
— Dans tes poubelles. Les poubelles de chez vous. Dans votre benne à ordures.
— Tu délires.
— Non.
— Et qu'est-ce que tu as trouvé ?
— Des déchets. De toi.
— Berk.
— Oui."
Troisième vodka pour tous les deux.
"Mais pourquoi… ?
— Pour être proche de toi, j'imagine.
— Petite folle", tu dis, et tu secoues la tête, je me tourne vers toi, ton bras enlace mes épaules, et ma tête se pose sur ton torse, sur ta chemise à carreaux.

Je te parle de la collection que j'ai encore à la cave. Trois cartons remplis de classeurs. Des déchets de toi rangés dans des pochettes en plastique. Avec la date à laquelle je les ai trouvés et une légende : *25/06/1991 Couvercle de yaourt. Kuhni a pris un yaourt Müller avec des corn-flakes pour le petit-déjeuner et il a léché*

le couvercle en aluminium. Ou : *27/12/2002 Emballage de pâte d'amande. Kuhni a fêté Noël chez lui et il y avait de la pâte d'amande sous le sapin. Il l'a mangée dans son lit en lisant.*
Je ne te raconte pas que je suis même allée en ville, là où tu étudiais, pour fouiller tes poubelles et celles de tes colocataires, mais que, dans ces énormes poubelles citadines, je n'ai pas pu trouver ce qui venait de toi. Mes notes et mes objets de collection se limitent donc aux rares périodes où tu venais voir tes parents.

"Tu es vraiment folle, tu dis, et tu enfouis ta bouche dans mes cheveux.
— J'ai chaud.
— Viens, on va dehors. On n'a qu'à faire un petit tour.
— D'accord."

Empâtés dans la vodka, nous mettons de la distance entre nous, de la distance entre le canapé et nous, nous mettons nos vestes sur le dos, nous mettons nos chaussures à nos pieds, et tu laisses ton sac là comme si tu voulais me montrer que nous allons revenir ici ensemble. Quand nous sortons de la maison, tu me demandes si je ne veux pas fermer à clef. Tu as tout oublié. Il n'y a personne pour venir chercher ici quoi que ce soit.
"J'ai mon ordi dans mon sac."
Je penche la tête. Quel paniquard tu fais tout à coup. "Bon", je fais, et je vais chercher mon trousseau de clefs, et la bouteille de vodka par la même occasion.

Il ne fait ni chaud ni froid, on est en plein mois de mai, l'air porte encore en lui tous les restes de la journée et un dernier éclat de lumière est suspendu dans le ciel. Nous prenons la rue principale. En direction du centre. Tu ris à ce mot, *centre*, et tu dis que tout est vraiment petit ici, encore plus petit que dans tes souvenirs d'enfant. Cet air, et ce calme, tu les trouves formidables, pourtant ce n'est pas vraiment calme et ça pue la campagne. Les maisons écarquillent leurs fenêtres illuminées. Mais au salon, la plupart des stores sont baissés. Tout le monde est devant la télé. J'y serais aussi si tu n'avais pas sonné.

"Pourquoi tu es venu aujourd'hui ?
— Pour te voir.
— Juste comme ça ?
— Oui.
— En plein milieu de l'année ?
— Oui.
— En pleine semaine ?
— Oui !
— Ne dis pas de conneries.
— J'avais envie, OK ?
— Pourquoi est-ce que tu n'en as jamais eu envie ces quinze dernières années ?"

Je fais un signe de tête à la mère de Kerstin qui nous observe, à demi dissimulée derrière ses rideaux, et je t'explique que les Wenniger ont fait agrandir parce que Kerstin s'est mariée et qu'avec son mari, un qui vient d'Internet, d'un site de rencontres, je dis ça tout bas en imitant le village et tu ris, avec ce mari d'Internet, donc, et leurs trois enfants, il leur faut plus de place.

Nous restons plantés là, devant la ferme des Wenniger, et tordons le cou à la bouteille de vodka. Demain, tout le village saura que nous étions là et que nous avons bu de l'alcool à la bouteille, ça ne fait aucun doute.
"C'est mauvais pour les affaires, tu dis.
— Ça m'est égal, je dis, ils font déjà les commères, de toute façon. À son âge, pas encore mariée, et tout ça…
— Ah la la, tu fais, et tu prends mon menton dans ta main, un si joli petit bout, et toujours pas passé devant M. le maire."
Sans bouger, nous faisons un petit signe à la mère de Kerstin, derrière ses rideaux, jusqu'à ce qu'ici aussi, le store se referme, paupière fatiguée, sur l'œil de la maison.

Quand nous arrivons près du vieux tilleul, au centre du village, je dis : "C'est mon épicerie, là. Tu veux entrer ?
— Évidemment", tu dis, et je sens un brin de fierté naître en moi.
J'ouvre la porte, la clochette au-dessus de la porte tinte, j'allume la lumière.
"Alors. Vous désirez ?
— Une bouteille de champ, s'il vous plaît.
— Ça vous fera 7 euros 99.
— 8 euros pour une pauvre bouteille de mousseux ?
— C'est du bio, espèce de plouc.
— Ah bon, dans ce cas…" Tu fouilles dans ton porte-monnaie.
"Laisse tomber.
— Si, si, j'insiste.
— Range ton fric."

Tu remercies, tu ouvres la bouteille et nous sortons nous asseoir sur le banc près du tilleul.

"Je ne pourrais pas.
— Quoi ?
— Faire ton boulot. Servir les gens, ici. Ragoter. Toute cette fange de village. Enfin, je veux dire, c'est quoi le périmètre dans lequel tu vis ? De chez toi au magasin ?
— Parce que ce que tu fais, c'est mieux, peut-être ? Avant, tu remuais la merde des vaches, maintenant, tu remues la merde des gens. C'est toujours la même chose. Tu es toujours le petit Kuhni qui nettoie l'étable. Tu peux appeler ça journaliste. Mais tu remues de la merde, c'est tout."
J'ai lu tous tes articles, tout ce que j'ai pu trouver sur Internet. Je me suis abonnée au quotidien pour lequel tu travailles depuis quelques années. Je sais dans quoi tu as mis les mains.
"Je crois que tu es venu ici pour fêter ton putain de prix et nous montrer que nous, nous sommes tous de pauvres provinciaux alors que toi, tu es formidable parce que tu es devenu quelqu'un.
— Quelles conneries !
— Tu es allé sur sa tombe ?"
Tu te tais pendant un moment.
"Non. Je ne peux pas.
— Et près de l'arbre ?
— Non plus.
— Alors on va y aller maintenant, je dis, et je sais que tu vas me suivre parce que tu es obligé, parce que j'ai la clef et que ton sac de marque branchée est chez moi, avec ton ordi de journaliste dedans.
"Mais qu'est-ce que tu fais ?

— Viens. On va au cimetière. Tu lui dois bien ça."

La petite église est éclairée, le cimetière tout en fleurs. Des lilas. Des châtaigniers. Des cytises à grappes jaunes. On les sent de loin. Le portail en fer est déjà fermé à clef et, comme autrefois, nous sautons par-dessus le muret à un endroit dissimulé des regards, atterrissons près de la baraque du jardinier, et je prends ta main. Tout droit, deux fois à gauche, une fois à droite, et nous sommes là.
Elle est partie trop tôt. Rien d'autre sur la pierre. Pas de nom, pas de date de naissance ni de décès. Et tout d'un coup, tes yeux sont ronds comme ceux d'une chouette et se remplissent d'eau de mer.
"Merde, tu dis, et ton regard va et vient de la tombe à moi à la tombe.
— Regarde qui est là, Moni", je dis, et je cherche par terre un petit caillou que je pose sur la tombe, une double tombe, personne d'autre que moi ne le sait. "Je fais ça chaque fois et, chaque fois, quelqu'un enlève mes cailloux."
Tu fais comme moi, tu déposes un petit caillou sur la tombe et tu prends une mine recueillie. J'attrape la bouteille, je bois une grosse gorgée pour moi, une pour Moni, et je fais lentement couler le mousseux sur la tombe.
"Santé, Moni.
— Tu viens souvent ici ?"

Le week-end dernier, j'ai planté des myosotis sur la tombe. Ma mère des fuchsias. Moni ne les aurait pas aimés. *Des fleurs de bourges coincés*, c'est ce qu'elle aurait dit.

Que je mette le bébé avec elle dans la tombe, Moni n'aurait pas aimé non plus. Petit têtard sans nom. Au moins, il n'est pas seul, comme ça.
"Je suis désolé", tu dis, et quelque part, ça vient quinze ans trop tard. Je prends mon élan et je dis : "Ton bébé est là aussi.
— Quoi ?
— Je l'ai enterré là quand je l'ai perdu, dis-je et je montre l'emplacement.
— Quoi ? Quel bébé ?
— Tu m'avais mise enceinte.
— Quoi ? Quand ? Quoi ?
— Dans la grange, Kuhni. Ta mère ne te l'a pas dit ?
— Quoi ?"

Je scrute ton visage. On dirait vraiment que tu ne savais rien. "C'est elle qui m'a donné l'adresse de ton foyer, quand tu faisais ton service civil. Je voulais te le dire. Je n'avais que quinze ans. Je voulais le garder.
— Quoi, mais quoi, mais qu'est-ce que tu racontes ?", et puis tu me gifles, je vois mille chandelles et un liquide chaud s'écoule de mon nez.
"Quoi !", tu répètes encore, con de perroquet, et je lève le bras, vlan, ma main atterrit sur ta figure. Je veux recommencer, mais tu contres l'attaque, nous nous jetons à corps perdus dans la mêlée, donnons des coups de poing, des coups de pied, bataillons à terre et, quelques minutes plus tard, nous nous retrouvons allongés, épuisés et sales, sur le chemin du cimetière. Main dans la main, sanglotant.
Et à ce moment-là, quand le tumulte s'apaise en moi, quand cet instant, lourd de tout son sens, se déploie devant moi comme un éventail, je trouve enfin la paix. Maintenant que je ne veux plus rien, que je

n'ai plus peur de rien, je te raconte ce que c'était de découvrir que j'étais enceinte de toi. D'attendre sur les toilettes, paniquée, le résultat du test de grossesse que j'étais allée m'acheter la veille au chef-lieu au lieu d'aller au lycée. De passer devant trois pharmacies avant d'oser entrer dans l'une d'elles. De faire disparaître en hâte le paquet dans la poche de mon blouson. De lire et relire le mode d'emploi, le soir, dans mon lit, de calculer que j'avais déjà trois semaines et demie de retard. Et d'avoir soudain les jambes en coton en voyant non pas un, mais deux traits s'afficher dans la fenêtre du test. D'être, malgré tout, aussitôt convaincue d'une chose : que j'aurai cet enfant. Cet enfant de toi. Je te raconte les semaines passées à sécher les cours, et mes parents, tout au deuil de l'autre enfant mort, qui ne remarquaient rien. Et moi qui ne pouvais pas le leur dire non plus. Moi qui, au quatrième mois, on voyait déjà se dessiner un petit ventre, suis allée chez ta mère et le lui ai dit parce que je voulais ton adresse, parce que je voulais que tu le saches-voies-touches. Je te raconte ta mère qui voulait savoir à quel mois j'en étais, qui a demandé si mes parents étaient au courant, si j'étais déjà allée voir le médecin et si je voulais le faire passer. Ta mère qui ne voulait pas me donner ton adresse, mais qui me l'a finalement donnée quand j'ai menti en disant que je n'étais qu'au troisième mois et que j'ai promis de le faire passer quand je serai chez toi, en ville. Ta mère qui m'a donné de l'argent, 200 marks, *pour l'opération*, et moi, ensuite, qui ai pris le train pour la ville, trouvé ton foyer et t'ai vu en sortir avec une fille, amoureux, moi qui avais un enfant de toi dans le ventre, et vous qui êtes allés manger ensemble des gâteaux dans un café, deux tourtereaux, pendant que je vous observais, et je te demande si tu t'en souviens puisque tu m'as vue, dans le café, à ce moment-là, avant de détourner le regard comme si je n'existais pas, comme si tu ne me connaissais même pas. Je te raconte que c'est juste après, quand j'errais sans but dans cette ville étrangère, que les crampes ont commencé. Que c'étaient des contractions. Et que j'ai perdu le bébé dans les toilettes de la gare, que j'ai sorti l'embryon gros comme le poing de la cuvette et que je l'ai mis dans la boîte en plastique de mon casse-croûte, à la place de la demi-pomme qui me restait. Je ne pouvais quand même pas le laisser dans les toilettes. Je te raconte que j'avais perdu beaucoup de sang. Tellement que j'ai utilisé un tee-shirt comme serviette hygiénique. Qu'après ça, les toilettes étaient dans un sale état. Que je suis rentrée à la maison avec la boîte en plastique dans mon sac à dos. Que mes parents n'avaient même pas remarqué que j'étais partie. Et que la nuit suivante, en cachette, j'ai creusé un trou dans ce cimetière, ici, à côté de nous, au-dessus du cercueil de Moni, et que c'était difficile parce que la terre avait déjà commencé à geler, c'était en novembre, un sale boulot avec la petite truelle que j'avais pour seul outil, et qu'à force de creuser, j'avais des ampoules plein les paumes. Je te raconte l'enfant que j'ai pris dans mes mains et déposé près de Moni, la douleur brûlante, et aucune place en moi pour tout ça. Qu'après, j'ai eu mal pendant des semaines. Et qu'on m'a virée du lycée.

"Viens là", tu dis, tu me prends dans tes bras et je sais que demain, tu retourneras dans ta grande ville auprès de ta femme et des enfants que tu as maintenant.

Et je sais aussi qu'au prochain ramassage des encombrants, j'irai chercher les cartons dans la cave pour les déposer sur le trottoir. Et qu'il y a désormais une place en moi pour tout ça.

FEUX
D'ARTIFICE

1

Tu m'as mis dans la main la chevalière de ton grand-père nazi en me demandant de la jeter à la mer. Ou dans l'eau, n'importe où. Parce que toi, tu ne pouvais pas. Et j'ai dit : *Non, pas question, ce n'est pas mon salopard d'aïeul, j'ai déjà assez de cadavres dans le placard, c'est plein à craquer, il n'y a pas de place pour les tiens.*
J'ai mis la bague dans mon coffret à horreurs, à côté de l'araignée en plastique et autres affreusetés, et je m'en suis faite la gardienne pour toi. Elle y est toujours. Avec une autre.

2

Nous avons des prénoms, des prénoms tout à fait normaux, même, pas des prénoms ultra-débiles comme Babsi et Horst ou ce genre de trucs, mais nous ne les utilisons jamais. Nous nous donnons des petits noms. Tu dis *Krasivaya*. Et moi *Libéro*. Libéro, c'est que je t'imagine libre. Ce n'est pas le foot et les manœuvres de défense, comme tu le prétends toujours. Je t'imagine italien alors que tu es à moitié roumain. Italien et libre, un partisan dans la montagne ou quelque chose comme ça. Sur la ligne de crête, il nous arrive de rompre pain et fromage sans utiliser de couteau et de nous jeter à terre pour fuir les nuages. Une explosion

derrière nous. Ils ne nous auront pas. Même pas dans mille ans.
Krasivaya parce que – aucune idée, je ne sais pas. Parce que j'ai la tête dans l'espace et les pieds tout juste encore sur terre. Le regard toujours en apesanteur.
Je voulais devenir cosmonaute, et puis je m'y connais en parachutes, vu que mes ailes se sont brisées en cours de route, va savoir quand. Je devais avoir onze ou douze ans.

3

En randonnée, la fois où, trempés par la pluie, nous avons trouvé une grotte en pleine forêt – la nuit tombait, nous avions froid et l'auberge la plus proche était à 15 kilomètres –, j'ai proposé de dormir dans la grotte. Et tu as dit : *Non*, parce que tu avais peur d'y trouver un ours endormi. À ce moment-là, j'ai souhaité que tu sois plus courageux, un guerrier, un cow-boy, un Indien qui aurait criblé de flèches ma propre peur. Il a fallu que je passe devant et que je me batte avec l'ours, jusqu'à ce que tu t'endormes sur le sol boueux de la grotte, entre les stalactites et les stalagmites.

4

Chaque vendredi d'été, entre 17 heures et 20 h 30, nous bombardions le parc avec notre jeu de boules.

5

Quand nous passons devant *Sugar*, la plus belle pute du trottoir, nous arrêtons nos vélos d'homme en faisant couiner les freins et nous lui demandons comment va son cor au pied. C'est à cause des talons compensés rouges et ça lui fait mal depuis des semaines. *Sugar* est magnifique. Son vrai nom, c'est Satvan et, avant, c'était un homme. Aujourd'hui, elle a un clitoris signé d'un célèbre chirurgien de Bangkok et elle est la meilleure tireuse de pipes de la ville. C'est ce qu'elle dit. Nous la croyons et renonçons à demander des preuves.

6

Fils de romano, a dit ton grand-père sans chevalière, et il parlait de toi. Nous brodons des frises héroïques, les plus belles qui soient, pour encadrer la photo de ton père, dont personne ne parle. Nous l'imaginons marin depuis qu'il a quitté ta mère. Et pas, comme elle le prétend, qu'il s'est pendu à un arbre dans la forêt. *Une tombe, une tombe, qu'est-ce que c'est, une tombe. Un nom sur une pierre, rien de plus.* Nous trinquons à sa santé et à tes racines, et nous lançons des verres contre les murs jusqu'à ce que ton colocataire hurle et nous traite d'enfoirés. *Putasse*, a dit ton grand-père nazi à sa propre fille. Alors tu as levé la main, visé, touché et, le lendemain, tu as quitté le village. Par la suite, je t'ai bricolé pour l'occasion un diplôme d'honneur et j'ai brodé un insigne sur ton tee-shirt rouge.

7

Dès le premier jour, je t'ai dit de ne pas tomber amoureux de moi. Et quand tu l'as fait quand même, je t'ai retourné une gifle.

8

Nous avions calculé qu'avec ta Vespa, il faudrait 21,3 jours pour aller jusqu'à la mer Noire. En roulant lentement. Nous avons mis 43 jours et pris l'habitude de dormir sur le ventre. Après, en Hongrie : la dispute, et j'ai failli faire demi-tour. Mais il y avait la pleine lune et le Danube, et tu t'es ramené avec les musiciens : *Mesečina, Mesečina*, alors j'ai abandonné et je me suis jetée à ton cou.

9

Mix
Face A (ta face)
Françoise Hardy / *Oh oh chéri*
Ernst Busch / *Heimlicher Aufmarsch*
Bregović / *Mesečina* et *Ederlezi*
Jacques Brel / *Ne me quitte pas*
Danzig / *Mother*
D-A-D. / *Sleeping my Day Away*
The The / *Love Is Stronger than Death*

Ta chorégraphie en zigzag me donnait le tournis.

Face B (ma face)
Nouvelle Vague / *This Is not a Love Song*
Kim Wilde / *Cambodia*
Dead Kennedys / *Holiday in Cambodia*
Lard / *They're Coming to Take me Away (haha)*
Fugazi / *Waiting Room*
Pixies / *Debaser*
The Notwist / *Moron*
Nouvelle Vague / *Too Drunk to Fuck*

10

Quand est-ce que vous allez finir par vous marier ?
Demandent les uns.
Mais pourquoi vous n'êtes pas ensemble ?

Demandent les autres.

11

Nous avons bu une bouteille de Jameson à deux et fait le procès de la planète. Ensuite, tu t'es mis à la batterie, j'ai pris le micro et j'ai chanté, avec une perruque et des lunettes de soleil, d'abord pour toi, sur tes percus, puis dans la caméra, jusqu'à ce que je me prenne les pieds dans le fil du micro et me casse la figure avec la caméra sans plus pouvoir m'arrêter de rire. Le lendemain matin, en regardant la vidéo, j'ai constaté que nous nous étions embrassés avant que je m'endorme et que tu appuies sur le bouton Stop.

12

Coup de fil :
Dring. Dring. Dring. Dring. Dring. Dring.

Toi, de très mauvais poil :
"Oui ?"
Moi :
"C'est moi.
— Mmm.
— Tu es toujours au lit ?"
Cinq secondes plus tard, re-toi :
"Merde. C'est quelle heure ?
— Ne me dis pas que tu es toujours au lit.
— Pourquoi pas ?
— Parce qu'il est presque 4 heures de l'après-midi, putain. Voilà pourquoi.
— Putain. Vraiment ?
— Oui.
— Oh. Merde."

Bruit de briquet, bruit de bouffée de ton côté.
“Tu as loupé un rendez-vous ?
— Ouais.
— Quelque chose d’important ?
— Ouais.
— Tu es parti quand, cette nuit, en fait ?
— Sais pas, ce matin.”
Tu fumes, je t’écoute. Moi :
“Je peux t’emprunter ton vélo ? Me suis fait voler le mien.
— T’as qu’à passer.
— On s’est embrassés hier.
— Ouais.
— C’était bien ? Parce que je ne me souviens pas.
— Une vraie bombe, Baby.
— Connard.
— À tout de suite.”

13

Mon anniversaire tombe toujours en hiver. Chaque année. C’est nul. Parce que ce que j’aimerais, c’est une grande fête au parc avec tout le monde ou au bord d’un lac avec un feu de camp et une nuit à la belle étoile et tout ça. L’été dernier, tu as sonné chez moi, tu m’as convaincue d’aller me baigner et tu m’as assise sur ta Vespa. Du parking jusqu’à la rive, tu m’as porté comme un sac sur ton épaule pendant que je fredonnais une comptine. Et au bord du lac, il y avait une table de fête, et nos amis tout autour qui se sont mis à chanter *Happy birthday* pour moi, alors j’ai su que tu étais fou et je suis partie en courant. Quelle chance que tu sois plus rapide.

14
Nous ne nous disputons que sur notre machine à se disputer, une vieille Olympia, et toujours en suivant les règles :

Une seule personne à la fois au clavier.
Interdiction de parler, seul écrire est permis.
Une seule phrase, ensuite c'est au tour de l'autre.

Les comptes rendus de disputes sont rangés dans des classeurs sur lesquels est mentionnée l'année.

15
"Haut les mains !", ai-je crié quand j'ai attaqué le café où tu travaillais comme barista, mon pistolet à eau d'agent secret résolument braqué sur toi. Tu as regardé ton chef qui avait déjà les dix doigts en l'air, et puis tu as souri, tu as posé le torchon et lentement, très lentement, tu as levé les mains. "C'est un enlèvement !", ai-je dit à ton chef en lui faisant un clin d'œil, et j'ai intercepté ton regard troublé, j'ai appuyé sur la détente, je t'ai eu au front et je t'ai ordonné de passer devant le comptoir. Dehors, je t'ai bandé les yeux, je t'ai mis un casque de walkman sur les oreilles et je t'ai fait tourner plusieurs fois sur toi-même devant le café pour que tu perdes le nord. Je t'ai emmené jusqu'à la gare en prenant des détours et je t'ai enlevé avec un train qui nous a déposés le soir devant la mer.

16
Noël avec ta mère. Ton grand-père était déjà en terre et ta mère toute seule, alors nous l'avons invitée à passer les fêtes avec nous. La veille de Noël chez toi

avec de l'oie rôtie, du chou rouge, des pommes de terre, des branches de sapin, du vin et des chants. Le jour de Noël chez moi sur le canapé avec des restes de la veille, des biscuits et *Le Parrain I-III.* Le lendemain, je vous ai laissés entre vous et j'ai continué à me sentir seule.

17

Toi et moi, à demi gelés sur le pont qui enjambe les voies de la S-Bahn. Avec ton vieil équipement de pêche. Chacun une canne dans la main. Le grand festival des pétards était terminé et le ciel avait refroidi depuis longtemps, alors nous avons mis des feux d'artifice dans des bouteilles vides et fixé la baguette en bois des fusées au fil de nos cannes à pêche. *Commencing countdown, engines on.* Simultanément, nous avons allumé nos briquets et mis feu aux mèches. Vite, la canne. Trois. Deux. Un. Fil à la patte, les feux d'artifice sifflaient en filant péniblement vers le ciel et explosaient au-dessus de nos têtes. La pêche aux feux d'artifice. C'était au dernier Nouvel An.

18

Top 10 des *pourquoi-je-ne-peux-pas-être-avec-toi* :

1. Tu n'as qu'un seul livre
2. Le livre en question a pour titre *Excel pour les nuls*
3. Tu bois tout le temps
4. Tu sens comme mon père
5. Tu n'as aucun objectif
6. Toutes tes chaussettes sont trouées
7. Tu ne rebouches jamais rien
8. Tu ne vas pas voter

9. Tes baisers ont le goût de la cendre
10. Tu me quitteras un jour

19

Hier, ta mère a appelé. De l'hôpital. Avec ton portable. Je pensais que c'était toi et j'ai décroché en disant *Mais tu es où, imbécile?* et ta mère s'est mise à pleurer.
Elle a dit qu'elle avait une lettre pour moi et que tu étais à l'hôpital, aux soins intensifs, qu'on t'avait fait un lavage d'estomac et que c'était ton colocataire qui t'avait trouvé. Alors j'ai compris pourquoi tu n'étais pas venu à notre rendez-vous, le matin, et je suis parti te rejoindre.

20

Mille tubes dans ton corps. Des écrans. Des bips. L'hydraulique. Toi dans le coma. Le médecin-chef de garde m'a dit que tu t'étais empoisonné avec des cachets. Ta respiration s'est arrêtée, ton cerveau est resté plusieurs minutes sans oxygène, ce qui explique, dit-il, que tu sois maintenant dans le coma, sous respirateur artificiel et avec une sonde gastrique. La question étant de savoir si tu redeviendras normal un jour. Probabilité faible. Il m'a confié les tâches suivantes :
– Parlez-lui d'une voix calme et affectueuse.
– Racontez-lui de belles choses.
– Encouragez-le.
– Caressez sa peau.
– Évoquez des noms et des situations qui lui sont familiers.
D'après le médecin-chef, cela devrait avoir pour effet que tu fasses le choix de la vie et que tu reviennes

peut-être, même si ce ne serait pas comme avant, encore que, après une phase intense de rééducation, même handicapé mental et en fauteuil roulant, tu pourrais tout à fait avoir encore quelques belles années devant toi.
J'ai caressé ta main et ton bras. Là où je pouvais accéder à ta peau, entre les cathéters et les bandages. Je t'ai servi des souvenirs sur un plateau, d'une voix calme, je t'ai chanté des chansons, j'ai inventé un conte pour toi et, pendant à peu près une heure, je t'ai insulté.
J'ai emporté la lettre chez moi sans l'avoir lue.

21
Ta lettre d'adieu :
Krasivaya,
pardon.
Libéro

22
Connard de froussard.
Y en a vraiment marre, maintenant.

23
Aujourd'hui, c'est vendredi.
Qui va bombarder le parc avec moi aujourd'hui ?
Et la semaine prochaine ?
Et après ?
Je connais maintenant le nom de toutes les infirmières.

24
Je sais désormais ce qu'est le réflexe vestibulo-oculaire. Et où se trouve le tronc cérébral. Tu n'es pas revenu. Ta mère voulait une tombe pas trop loin.

J'ai dit : *Des obsèques en mer, on disperse ses cendres !* et elle, ça lui importait peu finalement. On a transplanté ton cœur, tu avais une carte pour ça.
Je supporte à peine l'idée : il y a quelqu'un, maintenant, qui se balade avec ton cœur de Libéro.

25
La dispersion des cendres en mer était une cata. Si tu avais été là, nous nous serions tordus de rire devant ta mère nauséeuse et le pasteur psalmodiant à bord. Mais j'étais toute seule et je me disais que tout ça, c'était bien ordinaire. J'étais malheureuse, il me semblait que quelque chose de festif devait se produire. L'urne a fait *plouf* et ma bouche s'est tordue.
Je me sens amputée. Tu ne pourrais pas faire comme Jésus et entreprendre de ressusciter bientôt ? Un vendredi, oui, ce serait le minimum de la décence.

26
Le temps est un chewing-gum sans goût.

27
J'ai tout vendu, même ta batterie, pardonne-moi. Ta Vespa roule à la perfection, je la prends avec moi. Tes gants sont toujours dans le coffre sous le siège. Le camion de déménagement vient demain. Tout le monde demande : *Pourquoi Flensburg ?* Je hausse les épaules et je me tais.

28
Elle s'appelle Simone Michalski. Ça n'a pas été facile de trouver l'info.
Mon appartement est dans le même quartier. Elle va régulièrement faire ses courses dans un magasin bio.

Tiens-toi bien : le mois prochain, je commence à y travailler comme vendeuse. À temps partiel.

29

Je vais me promener tous les jours sur la place. On peut voir le Danemark. Parfois, je traverse en Vespa, je vais acheter des réglisses salées et manger un hot-dog avec une saucisse rose fluo. Tu aimerais *Røde Pølser*. Pour l'anniversaire de ta mort, la nuit, j'ai déposé une bougie sur l'eau et engueulé la mer.

30

Je la regarde et je cherche une trace. Une étincelle. Le pire, c'est que tu n'aimerais pas Simone, j'en suis certaine. Depuis quelques mois, nous nous voyons une fois par semaine. C'est une vraie plaie à la pétanque. Et elle ne sait pas non plus jouer aux échecs. Récemment, elle s'est mise à la marche nordique, avec les bâtons et tout le bazar. Un miracle qu'il n'y ait pas eu de rejet.

31

Assise devant la machine à se disputer, j'enfreins toutes les règles.

PORTRAITS DE FAMILLE

#1

De l'arrêt jusqu'à l'immeuble, les poignées des sacs en plastique me cisaillent les paumes. Quand je dépose les sacs devant l'entrée, le sang afflue et cogne au bout de mes doigts. Il bruine, une pluie fine d'Allemagne du Nord. Je vise l'un des quarante boutons de sonnette, j'appuie trois fois. Aujourd'hui, je veux qu'il descende et m'aide à porter les sacs. Je veux qu'il soit rasé, qu'il ait pris une douche et porte des vêtements propres. J'attends. J'attends le bourdonnement de l'ouvre-porte. J'attends un mot. Le "Sésame, ouvre-toi" de ce bastion du revenu minimum. Je sonne encore une fois, j'extirpe ensuite mon téléphone de la poche de ma veste. Je compose son numéro. Il ne répond pas. J'aurais bien envie de faire demi-tour et d'aller retourner travailler. Mais les sacs rouge et jaune remplis de nourriture pour plus d'une semaine me rappellent à l'ordre. Saloperie. Ma pause-déjeuner est presque finie.
Je sors de mon sac à dos le trousseau auquel pendent aussi ses deux clefs. J'ouvre la porte, je balance les sacs dans l'entrée, puis dans l'ascenseur, je m'en remets à la technique pour arriver au cinquième étage, je longe le couloir en soufflant, j'arrive à l'avant-dernière porte, je sonne deux fois pour la forme, tout en sachant qu'il n'y a plus rien à attendre de ce côté-là, puis j'ouvre la porte et je lance

un *Bonjour* sonore dans l'air vicié. Il est forcément là.

"Je t'ai fait des courses", dis-je dans le vide en direction des deux pièces, et je me fraie un chemin jusqu'à la cuisine. En passant, je renverse avec l'un des sacs quelques-unes des bouteilles de bière qui s'entassent par terre, dans le couloir. Dans la cuisine m'attend aussi une odeur nauséabonde. "Les blancs de poulet étaient en promo. Et je t'ai aussi trouvé ton tabac. Il y a des œufs, du pain, de la charcuterie, une pizza, je te mets tout au frigo." De la vaisselle sale s'entasse dans l'évier, il y a des emballages vides partout, des bouteilles vides partout, le lino colle, je préfère ne pas savoir pourquoi. Je dis : "J'ai pris du lait pasteurisé" et je pense : *Pour que tu puisses le laisser traîner dehors quand tu es bourré.* Je dis : "J'ai aussi rapporté de la mousse à raser" et je pense : *Ça t'évitera de ressembler à un pauvre clodo.* Je dis : "Tu pourrais aérer, de temps en temps" et je pense : *Ça pue le vomi, la merde, la fumée froide, la poubelle, le vieux et la pisse.* Je dis : "Hé, tu es réveillé ?" et je pense : *À tous les coups, tu es encore vautré sur le canapé devant ta téloche de merde.* Je dis : "Papa ?", et je pense : *Pauvre pourriture.* Pas de réponse. Il est peut-être sorti, malgré tout. Je vais au salon. Sur le pas de la porte, déjà, je vois ses pieds jaunis sur le canapé. Et me voilà devant lui à lutter contre la nausée. Il est allongé à moitié sur le ventre, dans son vomi. Le visage dedans, la bouche ouverte. Il s'est fait dessus, on le voit aux auréoles sombres sur les jambes de son jean. Sur la table du salon, des canettes vides à n'en plus finir, des bouteilles, des mégots, de la cendre. Par terre, une bouteille de schnaps renversée, presque vide. C'est un tableau que je connais, enchâssé dans le cadre de ma

peur. *Est-ce qu'il vit encore ?* La première chose que je me dis. Je n'ose pas le toucher.
"Papa ?"
Je fixe sa poitrine pour voir si elle bouge, mais il n'y a rien. Elle ne se soulève pas, elle ne s'abaisse pas. Et s'il était vraiment mort ? S'il avait réussi son coup, cette fois ? Tout s'embrase en moi, je dis doucement son nom, le murmure presque, et me rappelle comment maman le prononçait avant de le quitter pour un autre qu'elle a déjà quitté aussi depuis. Et si je devais l'appeler, maintenant, pour lui dire qu'il est mort ? Qu'il s'est suicidé à l'alcool à cause d'elle ? Qu'il a enfin réussi son coup ?
L'odeur plante ses griffes dans mon estomac, je mets une main devant ma bouche et mon nez et, de l'autre, je cherche une veine dans son cou, un pouls, un signe de vie quelconque. Au moment où je suis certaine que ça y est, cette fois, qu'il a réussi son coup, un ronflement monte des profondeurs de son coma et il ferme la bouche dans un bruit de succion. Je devrais être soulagée, mais je ne le suis pas. Je me lève, j'ouvre la fenêtre. Je rapporte les bouteilles et les canettes à la cuisine, je fais la vaisselle. Je prends mon sac à dos et la poubelle, murmure "Ciao, papa". Dans l'ascenseur, je réfléchis à l'excuse que je donnerai à mon chef.

#2

Plonger la cuillère et avaler. Et on recommence. Plonger la cuillère et avaler. Plonger la cuillère. Et. Avaler. Leur dos voûté. Leur regard enfermé dans la soupe de pois. Je racle l'assiette en rythme. L'horloge de la cuisine est notre métronome. Au fond de

leurs mares de soupe de pois, des fleurs apparaissent. Les assiettes du dimanche, je les ai apprises par cœur dans mon enfance. Porcelaine blanche et motif floral vert. Aujourd'hui, c'est vendredi. 24 décembre. Quasiment dimanche, du coup. D'où les assiettes. Il est midi et quart. D'où la soupe de pois. Au fond, ça ne fait aucune différence que je sois là ou pas, ça ne change rien. Quoi qu'il arrive, ils sont assis là et ne se parlent pas. Il n'y a que les assiettes qui changent.
"Et alors, dis-je, comment ça va ?"
Maman me regarde. Ses yeux trouent un instant le voile de la routine. Papa continue de manger sa soupe. Maman saute une mesure. Puis reprend le canon de la soupe de pois.
"Bien", dit-elle, et papa hoche la tête.
Plonger la cuillère et avaler. Tic-tac. Tic-tac. Tic-tac.
Je demande à maman : "Comment va ta hanche ?
— Ça va", dit-elle, cette fois sans lever les yeux, sans perdre la mesure.
Je regarde maman et, tout à coup, je vois une très vieille femme. Une femme usée. Je cherche en vain sur son visage la trace d'un souhait ou d'une envie. Je n'y trouve que le devoir et l'obéissance. L'assiette de papa est vide, maman la remplit. La présence massive de mon père inonde tout. La façon dont il prend la cuillère avec sa grosse main. Les bruits qu'il fait. Son odeur. Visiblement, je ne l'intéresse pas, il ne daigne même pas me regarder. Le fait que je sois là ne modifie pas d'un seul millimètre son rapport au monde. J'encadre papa et maman dans le tableau de la cuisine qui n'a jamais changé, avec les mêmes objets toujours identiques, le même tic-tac-tic-tac jamais troublé, et eux deux, qui de Noël en Noël, sont les seuls à se flétrir à l'approche de la mort.

J'ai appris par cœur ce tableau, appris par cœur la banquette d'angle, le dicton brodé, la petite radio sur l'étagère, au-dessus, les assiettes de collection suspendues au mur. Leur silence. L'horloge de la cuisine. Le tic-tac. La cuisine tout entière, la salle à manger, salle de séjour, chambre à coucher, chambre d'enfant, la maison, la cour, le village. Les cadavres dans le placard et ailleurs.
Plonger la cuillère et avaler. Tic-tac. Tic-tac. Tic-tac.
"Eh bien, tu n'as pas faim, mon garçon ?", dit maman en regardant mon assiette encore à moitié pleine.
Je me dépêche de manger ma soupe à leur cadence. Sur l'autoroute des mangeurs de soupe de pois, je fonce sur la voie de gauche. Je ne pourrai plus rattraper le maître de maison. Il incline son assiette et racle ce qui reste de soupe au fond.
Entre deux cuillérées, je le dis. Très vite.
"Je suis gay."
C'est maman qui racle son assiette, maintenant.
"Qu'est-ce qu'on mange ce soir ? demande papa.
— De l'oie, dit maman. Comme chaque année.
— Bien", dit papa, qui se lève et sort de la cuisine.

#3

Elle est dans un bon jour, aujourd'hui. Je le vois tout de suite. Je referme la porte derrière moi et m'installe dans le fauteuil roulant placé près de son lit. Elle dort, un sourire sur ses lèvres fanées. Au pied du lit, le sommier est en position relevée. Son corps maigre se dessine sous la couverture – un corps d'enfant. Les jambes à peine grosses comme mes bras. Sur sa poitrine qui se soulève et s'abaisse avec un bruit de crécelle reposent ses mains ridées, comme oubliées. On dirait un vieil oisillon. On lui a mis son pull-over à l'envers, les coutures sont visibles sur les manches et au cou, et l'étiquette qui porte son nom de famille dépasse. Un tableau brodé est accroché au mur, au-dessus de son lit. D'après Spitzweg. On y voit un homme malade allongé dans un lit.

Je me lève pour aller chercher un vase. Dehors, le printemps n'en est pas encore à pointer le bout de son nez, loin de là, mais j'ai quand même apporté des tulipes jaunes. C'étaient ses fleurs préférées, avant. J'ouvre la porte coulissante de l'armoire. La chambre n'est pas grande, elle n'a pas pu emporter grand-chose. L'armoire, la table basse, un fauteuil et une lampe. Quelques tableaux pour les murs et des babioles. Derrière la porte coulissante, trois vases, six verres et un cendrier, le tout en cristal. Elle n'a pris que les belles choses. Ce n'était pourtant pas celles dont elle se servait le plus souvent. C'était réservé aux *jours de fête*. D'ailleurs, elle ne l'utilise pas non plus ici, sa vaisselle en cristal. Les jours de fête sont comptés. On se contente dorénavant de tasses à bec.

Je repousse le cendrier pour attraper un vase et tente de l'imaginer en train de fumer en cachette. Elle le faisait parfois, avant. Des *Ernte 23*. Même malade. Il nous est arrivé de fumer ensemble sur le balcon. Deux alliées dans la bataille contre les cinquante yaourts stockés dans son frigidaire. Contre les clefs et les porte-monnaies perdus, contre les trois fers à repasser neufs empilés dans son armoire. Mais ça, ça n'était que le début. À cette époque, elle pleurait encore. À cette époque, elle voulait encore mourir. À cette époque, elle était tellement en colère qu'elle en arrivait à se taper la tête contre les murs.

Dans le vestibule, je remplis le vase d'eau. Quand j'arrive avec dans la chambre, elle a les yeux ouverts. Son regard agité se promène au plafond.
"Tu as bien dormi, maman ?
— Ah, ben, il était temps, espèce de pimbêche, dit-elle de sa bouche sans dentier.
— Il était temps de mettre les fleurs dans l'eau, oui, dis-je en déposant le vase sur la table et les fleurs dans le vase.
— Et plus vite que ça, petite idiote, sale…", dit-elle. Elle pose sur moi un regard furieux, puis s'égare une fraction de seconde avant de reprendre en crachotant : "Sortez tout de suite de chez moi ou j'appelle le gardien !"
Elle n'est pas dans un si bon jour, finalement.

#4

"Vous avez cinq nouveaux messages. Message 1. Aujourd'hui, à 3 h 17 : Anna, c'est moi, il est tard, je sais… Je n'arrive pas à dormir. Il est, euh, je ne sais pas, un peu plus de 3 heures, je crois, et… Merde, Anna."

La clef tourne sans difficulté dans la serrure. Clac. Clac. J'hésite un moment et, quand je pousse la porte, son parfum m'accueille, se jette à mon cou. Je pose la clef sur la console, à côté de la porte d'entrée. Le parquet craque sous mes pas, l'appartement est aux aguets. Je ne sais pas par quelle pièce commencer, je vais là où je suppose que doit se trouver la cuisine, dans un appartement ancien.

"Message 2. Aujourd'hui, à 3 h 19 : Anna. Eh ben, tu as vraiment un sommeil de plomb, toi !… Je voulais

juste… Ce qui claque comme ça, ce sont mes dents. Je suis dehors… Fait un de ces froids, hein… L'été n'est plus non plus ce qu'il était."

N'importe quoi : pour commencer, je fais la vaisselle. Tout est encore là, tel quel, dans l'évier. La théière. Le bol pour les céréales et la cuillère. Les tasses. Les verres. Un reste de musli séché. Je mets le bol à tremper. Il y a de la moisissure dans la théière. Une corbeille de fruits est posée sur la table de la cuisine. Enfin, des fruits… Quand je m'approche pour jeter les ex-bananes devenues marron, une nuée de moucherons s'envole. J'ouvre le frigidaire. Dedans, à l'abandon, du lait light, des yaourts light, du fromage light, des biscottes. J'ai mal au cœur.

"… Tu te souviens, il y a longtemps, quand on allait se baigner à la piscine municipale, la nuit… Quand on escaladait la clôture en cachette… Ah, sœurette, ça, c'étaient de vrais étés, il faisait tellement chaud qu'on n'arrivait pas à dormir."

Je n'ai encore jamais vu ça. Les murs du salon disparaissent sous des feuillets recouverts de son écriture, arrachés à différents carnets et présentant différents stades de jaunissement. *Je ne suis pas un bibus*, est écrit sur l'un d'eux. *Qu'est-ce que le cœur du cœur d'un oignon ?* sur un autre. J'attrape une des feuilles. Une date est inscrite au dos. *23/05/2002*. Pourtant, elle n'a emménagé ici que tout récemment.

Message 3. Aujourd'hui, à 3 h 31 : "Ben merde, Anna, ce serait bien d'avoir ta voix comme un phare dans la nuit, là. Tu te souviens, je mettais toujours mes raisins secs dans ton bol de musli. Je suis désolée. Je voulais déjà te le dire depuis longtemps."

Je fuis dans la chambre. Me jette sur son lit fait. Au bout d'un moment, je me lève et m'approche du placard. J'ouvre les portes d'un coup sec. Des vêtements de créateurs. Des machins de luxe. Soie et compagnie. Le tout bien proprement suspendu sur des cintres. Les sous-vêtements sont méticuleusement pliés et rangés dans des tiroirs. La moitié d'un placard remplie de chaussures. Toutes avec des talons de dix centimètres et plus. Qui est la femme à qui appartient ce placard? Sûrement pas ma sœur. Je retourne m'allonger sur son lit.

Message 4. Aujourd'hui, à 3h42 : "J'aimerais bien savoir à quoi tu rêves, en ce moment."

J'ai toujours été celle qui faisait attention à elle. À ses humeurs. À ses tours de grand huit. J'ai toujours mis de l'ordre derrière elle. Petite, déjà. Je mangeais les raisins secs qu'elle n'aimait pas. Mais moi non plus. Pour elle, je les mangeais quand même. Et maintenant, dans son appartement, un tsunami de colère recouvre lentement mon chagrin. Mais pourquoi est-ce qu'elle n'a pas appelé sur le fixe?

Message 5. Aujourd'hui, à 3h56 : "Bon. Anna. Sœurette. Ne te fais pas de souci. D'accord? Dors bien, ma belle."

Ne te fais pas de souci. Elle a même filmé le pont avec son portable. Elle a filmé la *vue superbe*. Le lever du jour. Elle avait l'air très calme. Détendue.

Le portable était dans une coque en carbone. Il a survécu à la chute, pas elle. Au petit matin, une vieille dame l'a trouvée en promenant son chien et elle a prévenu la police. La police me l'a dit quand j'ai appelé sur son portable, après avoir eu ses messages. Cela fait plus d'un mois, maintenant. Qu'est-ce que c'est, un bibus ?

#5

Quel genre de fille es-tu – qui ne porte pas de soutien-gorge et ne se rase pas sous les aisselles. Qui mange le fromage sans pain, traîne encore au lit à 8 heures passées et gaspille sa journée. Quel genre de fille es-tu, qui n'a pas de mari, pas de bague au doigt. À ton âge. Toujours pas. Qui ne fait pas les vitres, ne se sert pas du fer à repasser, n'a pas prévu d'abat-jour pour les ampoules. Quel genre de fille es-tu, qui marche pieds nus dans l'herbe comme si elle n'avait pas de souliers. Qui boit le vin directement à la bouteille et se couche dans des lits qui ne sont pas les siens. Quel genre de fille es-tu ? Qui ne sait pas cuisiner d'après une recette sans y apporter son grain de sel et n'a pas besoin de la notice pour construire un Kinder Surprise. Qui préfère les pantalons et se bagarre dans la cour avec les garçons. Qui part à des milliers de kilomètres, seule, dans des pays lointains, et a plus d'affinités avec ce qu'elle ne connaît pas qu'avec ce qu'elle connaît. Qui ne mange pas de viande et n'a pas de Dieu. Qui entre nue dans l'eau des lacs, se couche sous les arbres et sait faire un feu. Quel genre de fille es-tu, qui peut fixer le ciel des heures durant et voir dans les nuages des êtres fabuleux alors que la vie suit son cours. Qui laisse passer des opportunités et fouille le passé. Dis-moi, quel genre de fille es-tu, qui chante et hurle et rugit comme un animal. Qui fume et fait la moue, la bouche moqueuse, au lieu de répondre et de me dire quel genre de fille elle est.

chère maman, j'arrive en train jeudi, 18 h 44. marcherai depuis la gare, serai là vers 19 h 15. baisers, m

Évidemment, quand j'arrive, il pleut. On dira que j'arrive trempée. Que je fais entrer l'humidité dans la maison. Ce n'est pas si facile de s'en débarrasser quand elle a gagné les armoires. On se sera demandé pourquoi je n'ai pas pris un taxi. On aura fait preuve d'incompréhension.
Je longe le ruisseau qui a courageusement supporté tous mes barrages, en d'autres temps. La rue fait un coude, le ruisseau l'a vexée, elle s'éloigne de lui mais je lui reste fidèle, il me conduira jusque derrière la maison familiale. Les bretelles du sac à dos couinent. Mes sourcils servent à quelque chose et indiquent aux gouttes d'eau un chemin qui ne passe pas par mes yeux. Le paysage est sans intérêt. Il s'étale sous le ciel pluvieux sans se soucier de rien : lui aussi est ici chez lui. Il évoque sans conviction le passé, l'ennui dominical, les jours de pluie interminables, et puis l'été. Le feu qu'on met aux champs de céréales, les soirées au bord de la voie ferrée avec de la bière, les pièces de monnaie posées sur les rails. La radio américaine, une fenêtre sur le monde.
Le village avide se jette sur le ruisseau, les premières maisons mordent dedans. Comme toujours, chaque fois que je viens, le corset m'enserre – ici, je suis la fille de ; ici, les voisins médisent derrière la haie ; ici,

la mauvaise herbe ne pousse pas dans le terreau des jardins passé au tamis fin, mais seulement au bord des départementales.
Armée d'un parapluie et d'une humeur maussade, Mme Wichert, une voisine, arrive à contresens. Elle promène une saucisse sur pattes, c'est ce qu'on appelle un beagle, je crois. Marron et blanc avec des oreilles tombantes et des yeux à la Derrick. Je n'y connais pas grand-chose en chiens.
Évidemment, Mme Wichert me reconnaît elle aussi de loin et se cache derrière son parapluie. Ce soir, au dîner, elle racontera à son mari que la fille des Clayton est de passage. La fille de la fille de l'éleveur de porcs et du soldat américain de la zone d'occupation.
La maison de mes parents n'a rien d'accueillant. La barrière a des dents. Les arbres ont des aiguilles. Les haies ont des épines. Les stores sont baissés, les portes fermées, les cadenas cadenassés. Devant, la moitié du gazon a disparu, remplacé par une voie asphaltée où est garée une voiture qu'on n'a plus déplacée depuis longtemps. Maman n'a pas le permis et, depuis son AVC, papa ne peut plus conduire. Ce qu'il peut, c'est attendre couché que la mort vienne. Pour ouvrir le portail, il faut passer la main par-dessus la barrière dentée et abaisser la poignée intérieure. J'ouvre le portail et je le referme, je vais jusqu'à la porte de la maison et je sais qu'à ce moment-là, ils m'ont déjà entendue. Au rez-de-chaussée, il y a la cuisine, la salle à manger et le salon. En haut, dans la chambre, mon père allongé, et dans ma chambre d'enfant, le linge à repasser. Si mes parents n'avaient pas vendu le terrain, il pourrait y avoir un jardin derrière la maison. Mais un jardin, ça fait du travail. Je sonne. J'entends le pas traînant de maman, j'entends son trousseau

de clefs. Le bruissement. Le bruit du cadenas décadenassé et de la clef dans la serrure.
“Ah mais tu es toute trempée.”

#6

Tu es assis en face de moi et tu te tais. Depuis plusieurs minutes déjà. Comme moi. Parce que moi non plus, je ne sais pas ce qui pourrait encore être dit. Nous sommes tous les deux épuisés, nous remuons nos boissons. Toi ton café avec la cuillère, moi les glaçons avec la paille. Tu mets tes lunettes de soleil. Les fais glisser du sommet de ton crâne à la naissance de ton nez. Tes cheveux restent pourtant bien mis. Comme tout en toi est bien mis et tiré à quatre épingles. Je voudrais te dire quelque chose, n’importe quoi, mais je suis vide, rien ne me vient à l’esprit, rien qui serait digne d’être dit. Le temps s’épaissit et je ploie sous son poids. Le silence entre nous s’allonge avec chaque moment qui passe, et la possibilité de le briser se réduit à un petit tas de moins en moins imposant. À un grain de poussière sur la manche de ta veste de costume. Je me vois dans les verres de tes lunettes. Je vois la rive derrière moi. Le fleuve. Le ciel. Je me souviens de promenades avec toi. Pieds nus, nos chaussures à la main. Je plonge le regard dans tes deux miroirs, un bateau traverse tes yeux sans hâte. Un futur antérieur me traverse sans hâte. J’aurai été courageuse. Je sais que mon passé est plus grand que mon futur.
Je demande : “Tu savais que nous vivons dans le passé ?
— Tu veux dire dans nos souvenirs ?
— Non. Je veux dire le passé.

— Ah bon", dis-tu sans poser plus de questions. C'est une fraction de seconde. Le temps qu'il faut à notre cerveau pour analyser toutes les informations enregistrées, les traiter et en déduire une image de la réalité conforme à nos attentes. Nous essayons tant bien que mal de rattraper une illusion construite des choses. C'est ce que je me dis. Assise face à toi. Une fraction de seconde après que c'est effectivement arrivé, mon cerveau a construit pour ma conscience cette image de toi conforme à mes attentes.

Tu continues de bidouiller avec ton smartphone. Tu fais des photos de moi. Testes différents angles et différents filtres. Tentes de faire émerger des perspectives avantageuses.

"Tu veux encore quelque chose?" Ta main se dresse. Une serveuse remarque ton geste.
"Non. Merci."
L'étudiante en sueur dont c'est le job de servir s'approche de notre table, coince un plateau vide sous son bras, prend son carnet et demande ce qui nous ferait plaisir. Tu remontes tes lunettes sur le sommet de ton crâne, me jettes d'abord un regard qui dit : Attention, il va se passer quelque chose d'important, puis tu te tournes vers la serveuse et évalues brièvement ses seins bien empaquetés.

"Vous servez aussi à manger?
— Bien sûr. Nous avons de petits encas et, à partir de 17 h 30, vous pouvez choisir dans la carte du soir. Vous voulez d'abord voir la carte, peut-être?
— Non, merci, je vais prendre un sandwich? Vous avez ça? Un sandwich?

— Oui. Fromage, saucisson ou jambon ?
— Ah, non, tout compte fait, je crois que j'ai plutôt envie de quelque chose de sucré.
— Dans ce cas, je peux vous proposer une gaufre, ou plutôt une crêpe ?
— Vous avez aussi des gâteaux ?
— Gâteau aux pommes, aux cerises, cheese-cake et *Linzertorte*.
— Je ne sais pas. Peut-être plutôt du salé, finalement.
— Vous ne préférez pas que je vous apporte la carte ?
— Non, pas la peine. Je vais prendre une saucisse. Vous avez ça ?
— Non, je suis désolée. Je vous apporte la carte.
— Je vais prendre une salade.
— Une salade ?
— Oui, vous avez sûrement ça, non ?
— Oui, nous avons des salades. Laquelle vous ferait plaisir ? Estivale, paysanne ou salade César ?
— Je vais prendre la salade estivale.
— Avec quelle vinaigrette : balsamique, *French* ou au yaourt ?
— *French*, s'il vous plaît.
— *French*.
— Oh, et puis non. Je vais plutôt prendre balsamique.
— Une estivale à la vinaigrette balsamique. C'est noté. Et pour vous ?"

Je secoue la tête. "Pour moi, rien, merci." La serveuse sourit d'un air contraint et s'éloigne. Je sais que tout coûte. La vie coûte. Ce dialogue par lequel tu veux me prouver qu'on a toujours le choix, gaspille ce qui me reste de temps. Je n'ai pas le choix.

Le temps ne coule que dans une direction. Vers l'avant. Vers l'avenir. Le temps a pour ambition de faire passer les choses d'un ordre énergétique élevé à un état de charge le plus bas possible. Le temps ne peut pas aller dans une autre direction. Ne peut pas revenir en arrière. Ne va toujours qu'en avant. Détruire l'ordre. Jusqu'à ce qu'un jour, on ne sait pas quand, la dernière étoile explose d'abord, puis s'éteigne, l'univers s'endormant alors, inerte et mort. C'est une loi cosmique. Et c'est la même chose pour nous. Tandis que tu essaies de te cramponner à ta vie, les bras croisés et le regard provocateur, le temps m'a déjà transportée dans un état de charge énergétique moindre. La serveuse me fait de la peine et je ne peux que sourire, lasse, en te regardant. J'ai déjà explosé il y a longtemps.

Pendant un tout petit instant, tu me regardes avec un mépris significatif : tu ne peux pas croire que je sois le résultat de ton matériel génétique, tu aurais mérité une fille mieux que cette mochetée malade qui tète son Coca devant toi.

Quand la première touffe de cheveux est restée dans la brosse, je n'ai pas tergiversé longtemps. Maintenant, ils sont taillés à ras. De toute façon, il était temps de couper les pointes.

“Si tu veux avoir du succès…
— Papa, arrête.
— Si tu veux avoir du succès…
— PAPA.
— …, alors il faut que tu modèles le monde selon ta volonté. Il faut que tu joues des coudes. Là. Paf, et là : paf. Tu vois. Sinon, personne ne t'écoute…

— Pas aujourd'hui, papa, vraiment.
— Rien qu'à voir comment tu es assise. Tu as une belle poitrine. Montre-la. Montre-nous qui tu es. Ce cancer, tu n'en viendras pas à bout, sinon."
Connard. C'est ce que je me dis.
"Il faut que tu te battes. Tu entends. Il faut garder la tête haute.
— Mais c'est ce que je fais."
Je me bats. Contre les larmes et, le reste du temps, contre un papillon. Qui grandit dans mon cerveau, au-dessus du corps calleux. *"Gliome papillon"*, c'est le nom du monstre. Comment une telle saloperie peut-elle avoir un si joli nom ? J'imagine des papillons qui déploient leurs ailes pleines de tumeurs inopérables et volettent au-dessus d'un pré en fleurs. Flap, flap, flap. La tumeur : stade IV, l'issue est toujours mortelle. Pronostic de survie moyen : sept mois et demi. On sait où on va. Il m'en reste cinq en moyenne. J'aimerais bien savoir combien de temps. Tant de choses à vivre encore.

"La poitrine en avant. Faire front. D'accord ? Ça va s'arranger, fillette."

Je souris pour que tu arrêtes enfin de bavasser, car en réalité, nous savons tous les deux que rien ne va plus s'arranger. Ton téléphone sonne et tu réponds. "C'est important", me dis-tu à voix basse. Ah.

Ce que j'aurais encore aimé faire : la traversée des Alpes à pied, de Munich à Venise. Avoir des enfants. Voir mes enfants faire leur première rentrée à l'école. Voir mes enfants se marier. Aller à Rome, à Venise, à Florence et à Dubrovnik. Aller au Pérou, au Japon, en Inde. Ce que je voudrais encore faire : voir une fois chaque saison. Voir la neige. Lire *Guerre et Paix*. Les romans de Jan Brandt.

"Et voilà. La salade estivale pour monsieur." D'un déroulement adroit du poignet, la serveuse pose la salade devant toi.
"Merci", dis-je.
Tu la regardes un instant, souris et mets fin à ton coup de fil l'instant d'après.
"Tiens. Mange. Je n'aime pas la salade", dis-tu en poussant l'assiette dans ma direction.

STARCODE
RED

Je suis la plus jolie méduse. Aucun animal aquatique ne s'est jamais mû avec autant de grâce. J'abaisse délicatement le bâton au bout duquel est fixé mon corps de méduse et remue doucement les hanches, agitant mes tentacules comme si j'étais sous l'eau. Mes collègues méduses ont des mouvements bien trop précipités. Devant moi, l'étoile de mer se marche sur le pied, trébuche et se rattrape au collègue baudroie dont le couvre-chef glisse, mais qui, les bras coincés dans ses nageoires, ne peut pas le remettre d'aplomb. Aveuglé, il passe le restant de la chorégraphie à tituber. Il n'y a pas beaucoup de place sur scène, pas assez pour les seize danseurs de ce spectacle en costumes surdimensionnés par lequel nous ouvrons la comédie musicale *Aqua-Life*, spécialement écrite pour la compagnie de croisières *YourBoat.* Des effluves du cocktail de ce soir, le *Blue Lagoon*, nous parviennent depuis la zone spectateurs. La salle est pleine ; mille deux cents passagers, assis dans leur fauteuil, sirotent leur boisson à la paille.
Je suis la première méduse en partant de la gauche. Et bien que je ne sois qu'une méduse, je me donne de la peine.

Je suis à bord depuis quatre-vingt-dix-sept jours, je suis Jonas dans le ventre de cette baleine d'acier qui me recrache tous les trois, quatre jours sur les rives d'un pays ou d'un autre, mon contrat dure encore trois mois, j'ai signé pour six mois en tout. J'ai eu droit aux Caraïbes, à la traversée de l'Atlantique, aux croisières en Méditerranée, au tour de l'Europe – maintenant, c'est la croisière scandinave, qui remonte la côte norvégienne pour rejoindre l'Islande et, de là, retourne en Allemagne.
En coulisse, changement de costume à la vitesse de l'éclair. Notre collègue baudroie est vert de rage. Il envoie valser son couvre-chef dans un coin. Je n'arrive pas à ouvrir la fermeture éclair de mon costume de méduse. Les habilleuses ne sont jamais là quand on en a besoin.
Sur scène, "Frau Luna", reine de la Lune d'une opérette burlesque, pousse la chansonnette pour que nous ayons le temps de nous changer.

Au casting, je n'ai pas vraiment fait d'effort. Si j'y suis allée, c'est uniquement poussée par cette envie de partir, de me couper de ma propre vie. Je voulais oublier, réduire au minimum l'activité de mon cerveau, mais maintenant, ça y est : il s'est remis à réfléchir.
Je me suis coupé les cheveux, j'ai perdu onze kilos et, depuis les Açores, j'ai un petit tatouage au poignet. Une ancre pour la traversée de l'Atlantique.

Enfin, j'ai réussi à quitter la méduse et à enfiler la fougère aquatique. Je suis la première et l'unique touffe de fougères d'eau en partant de la gauche. Je suis comédienne et pas extraordinairement douée pour le chant. Dans *Aqua-Life*, je me contente de l'arrière-plan de verdure et du chœur des méduses. Tous les autres rôles sont des rôles muets. J'enfile mon casque de fougères, je glisse mes bras dans des fourreaux pourvus à leur extrémité d'un mètre de fougère décorative. Une fois sur scène, je dois les brandir vers le ciel et bouger *comme des fougères dans l'eau.* Pendant mon stage de trois semaines sur la terre ferme, j'ai tout appris du balancement des bras-fougères.

Mot d'ordre. Sourire. En scène.
Je balance aussi dignement que possible mes bras-fougères, fredonne la mélodie du chœur et observe en même temps le public : des Blancs gâtés, le plus souvent obèses, qui se goinfrent sans retenue parce qu'à bord, c'est *all inclusive.*

Ma cabine, n° 5 328, est située sur le pont 5, connu côté *pax*, côté passagers, sous le nom de *Pearl Deck.* Elle fait à peu près sept mètres carrés et se trouve au centre du bateau. Je la partage avec Eileen, une danseuse d'Amsterdam. Il y a deux armoires métalliques et un lit superposé. Je suis en haut, Eileen en bas, là où il y a plus de place. Elle a un petit ami, c'est pour ça. Il y a une télé qui capte toutes les chaînes allemandes et aussi Canal 23, notre "fenêtre" – les images que diffuse la caméra de bord située à l'avant du bateau, soit, à l'heure actuelle, du brouillard gris. Comme hier, déjà, comme avant-hier. "Le lundi est tout gris" et les autres jours aussi. La météo, répète le capitaine à chaque annonce, c'est du ressort des passagers. Et sur cette croisière, on ne peut pas dire qu'ils aient vraiment fait du bon boulot.

Je me déshabille et file dans le WC-douche. Un mètre carré tout en plastique. On a beau nettoyer souvent et aérer, impossible de se débarrasser de l'odeur de moisi. La grille de la bonde est couverte de cheveux d'Eileen. Je prends un bout de papier-toilette, attrape les cheveux avec et jette la boule de papier humide dans la cuvette en plastique.

Ma bouteille de shampooing est vide, Eileen a utilisé ce qui restait, il faudra que je lui dise que c'est chiant, c'est chaque fois pareil. Demain, on est en mer toute la journée, qui sait si après-demain, dans les Lofoten – un dimanche, en plus –, on pourra encore faire des courses, et les shampooings de marque de la parfumerie *Beauty-YourBoat* sont hors de prix, sans compter que mes cheveux, c'est maintenant qu'ils sont mouillés, pas dans deux jours, alors je prends du gel douche, tant pis.
Une vague un peu plus violente me fait perdre l'équilibre, je me cogne à la paroi de la cabine : et bonjour, le petit juif. Ils ont annoncé tempête et mer agitée pour cette nuit et demain.

J'y vois à peine, le WC-douche est inondé, l'aération fait une crise d'asthme, le miroir est couvert de buée, mais je n'ai pas l'intention d'ouvrir la porte. Pas question de renoncer à ce minuscule espace d'intimité. J'essuie l'armoire de toilette Allibert, j'y vois le reflet d'un visage barbouillé que je découpe exactement en son milieu.

Eileen entre dans la cabine. Elle frappe à la porte du WC-douche.
"*Hej!*

— Hej, Eileen.
— I wanna have sex with Roberto, is it okay if you spend some time outside ? demande-t-elle.
— You used up my shampoo.
— I will replace it. Promis.
— Okay.
— What about tonight ? Is it okay ?
— Of course. Give me a second and I'll be gone.
— You are a lekkertje."

Nous parlons l'anglais à la sauce *YourBoat*, qui accueille en son sein tous les dialectes, langues et néologismes possibles. Mis à part sur scène ou quand je dois m'adresser aux passagers, je ne parle presque plus allemand. Ça me va très bien. Je crois même que c'est l'une des principales raisons pour lesquelles j'ai accepté ce boulot. Parfois, je me dis que je ne pourrai plus jamais rien dire dans cette langue.
J'ouvre la porte du WC-douche et je m'habille. Eileen est déjà repartie. À Copenhague et à Bergen, je me suis acheté des vêtements chauds, comme presque tous les membres de l'équipage – après les Caraïbes et la Méditerranée, on se gelait d'un coup, ici, dans le Nord. J'attrape ma parka, j'enfonce mon bonnet sur mes cheveux mouillés, je clippe mon badge à mon pull, je prends mon téléphone, mon carnet et mon *Identity Card*, j'éteins la télé, je sors de la cabine et m'engage dans les boyaux des ponts réservés à l'équipage, baignés d'un éclairage au néon. Ça empeste le nettoyant bon marché pour linos. À gauche, tout droit, à gauche, à droite : quelques membres de l'équipe animation assis dans l'escalier prient pour une connexion Internet, c'est ici que la réception est la meilleure – quand il y en a une. Les

visages bleutés fixent les écrans, les doigts courent sur les claviers. On descend un étage, à droite, tout droit, à droite, à droite. Je me heurte aux parois en métal. Le bateau rue, il lutte contre les vagues, et me voilà avançant les jambes arquées, tel un héros de western harnaché de pistolets en route pour son duel.

Dans la cantine de l'équipage, nous sacrifions quotidiennement le goût à la faim : chaque jour, l'espoir qu'il pourrait y avoir autre chose à manger et, chaque jour, le même tour du même buffet. J'entame la visite. Nouilles trop cuites, penne rigate agglutinées, sauce bolognaise ou sauce rouge. Des tranches de viande desséchée prennent des rides sous une lampe chauffante. La sauce brune aux champignons s'est recouverte d'une pellicule figée. Des pommes de terre farineuses se mettent en quatre pour ne pas finir en purée.
De l'autre côté, sur le comptoir derrière lequel les cuisiniers de la cantine épluchent, découpent, fouettent et transpirent, quatre plats asiatiques – trois à la viande, un végétarien – nagent dans le gras.
Je demande à Tenzin, derrière le comptoir : "What is it?
— Eggplant.
— Okay." J'examine la pâtée et tente d'y reconnaître les aubergines. C'est parfois plus facile quand on sait ce que c'est censé être. À côté, il y a le gros bac de riz. Et, plus loin, le distributeur de boissons. Au milieu, autour du pilier, le bar à salades, le panier de fruits et le dessert haut en couleur qui, aujourd'hui, sent la fraise.
Je cherche une table libre près de la télé, CNN – à Baltimore, un tueur fou a massacré plusieurs personnes,

le FBI et la police sont à ses trousses –, j'accroche ma veste au dossier d'une chaise, je pose mon carnet sur la table, j'attrape un plateau et des couverts, je prends du riz et de la salade, comme toujours, avec de l'huile et du vinaigre, une pomme et un thé à la menthe. Le mouvement de l'eau dans ma tasse de thé me permet d'observer les roulis. Un hélicoptère filme depuis le ciel le lieu de la tuerie. Devant l'image retransmise, un présentateur s'adresse au journaliste qui fait son compte rendu en direct depuis l'hélicoptère. Au bas de l'écran, le téléscripteur du flash info :
+++ *Shooting in Baltimore* +++ +++ *13 dead* +++.

Ce ne serait pas un cafard que je viens d'apercevoir du coin de l'œil ? Je pose mon couteau et ma fourchette sur l'assiette et scrute le sol. Il ne faut pas écraser les cafards. Quand on les écrase, ils meurent, oui, mais on essaime alors dans tous les coins les œufs qu'ils transportent en quantité sous leur carapace. Je vide ma tasse de thé. CNN diffuse des photos du tueur. Il a déjà été identifié.
Je me lève, je remets ma veste, j'empoche la pomme et mon carnet, et je vais rapporter le plateau aux plongeurs, de l'autre côté du couloir, après avoir fait disparaître les restes de nourriture et les couverts dans les bacs prévus pour.
"Thank you, dit l'Indien qui remplit les lave-vaisselle, derrière le comptoir.
— No, I thank…" Les haut-parleurs nous interrompent avec une annonce : *Starcorde Red. Starcode Red. Deck five. Cabin : Five. Two. One Zero.* Nous tendons l'oreille. *Starcode Red. Starcode Red. Deck five. Cabin : Five. Two. One Zero.* L'Indien fait un geste de la main qui évoque des vomissements. Nous

hochons la tête. Starcode Red, c'est le code qui correspond à une intervention du médecin. Quand la mer est grosse et que les passagers vomissent à tour de bras, ça arrive assez souvent.
"You come Ice Party, tomorrow?", demande-t-il.

Je fais oui de la tête, au revoir de la main, et je file : je veux aller au bar *Panorama*, à l'arrière du bateau. À gauche, à gauche, à gauche, un étage plus haut, visages bleutés, à droite, à gauche – les premiers temps, je me perdais tout le temps, je cherchais la scène, ou je ne trouvais plus le chemin pour aller de la cantine de l'équipage à ma cabine. Justement, je passe devant, j'entends Eileen et Roberto, je continue, je longe le couloir, tout droit jusqu'à la porte où un panneau de mise en garde annonce : *Attention* : *Passengers beyond this point*, avec un petit symbole incitant à sourire. Le pont 5, c'est l'interface, l'endroit où le monde se divise entre ceux qui travaillent et ceux qui s'amusent. Entre le haut et le bas. Entre équipage et pax. Entre Morlocks et Éloïs. Entre réalisme plastique éclairé au néon et moquette moelleuse baignée de lumière tamisée.

J'ouvre la porte et j'ai de la chance : aucun passager en vue. Quelques fourmis poussent un chariot de linge et de serviettes propres d'une cabine à l'autre. Les fourmis de l'équipe de nettoyage sont presque toutes originaires des Philippines. Elles font des journées de seize heures, travaillent jusqu'au milieu de la nuit et passent souvent douze mois d'affilée à bord. C'est incroyable qu'elles soient encore capables de sourire. Derrière elles, je vois que le couloir est bloqué, contrôlé des deux côtés par la Sécurité.

Nenita sort d'une cabine avec son nécessaire de ménage, je lui rentre presque dedans. C'est la seule fourmi dont je connaisse le prénom : au bar de l'équipage, pont 2, nous échangeons parfois des tournées de bières.
"Sorry, Nenita."
Elle m'a raconté que les passagers l'engueulent parfois comme du poisson pourri et lui crient après pour des broutilles, mais comme elle ne parle pas allemand, elle ne sait pas de quelles broutilles il s'agit. Maintenant, elle se contente de sourire et de dire en allemand "Je suis désolée", "Oui, tout de suite", "Très bien". C'est moi qui lui ai appris. Depuis, les pourboires ont augmenté.

"Something happen ? Me some trouble ? demande-t-elle avec de grands yeux en montrant la Sécurité.
— No. Just a Starcode Red. Don't worry, dis-je.
— Tomorrow Icebarparty. You come ?
— Yes. You too ?"
Elle hoche la tête.
"See you."
En passant, j'essaie de jeter un coup d'œil dans la cabine sous surveillance pour voir ce qui s'y passe, mais je ne vois rien. L'un des gars de la Sécurité s'approche de moi et me demande ma carte de bord. Je lui tends mon *Identity Card*.
"You are not wearing your bord uniform. In pax area you must wear bord uniform.
— But only until 10 pm."
Il recopie mon nom et le numéro de cabine inscrits sur l'*Identity Card*, examine mon badge et note *Entertainment* dans son carnet.
Je demande : "What time is it ?

— 9:55 pm.
— Come on. 5 minutes.
— Sorry, Ma'am."
Et il me renvoie bel et bien derrière la porte des Morlocks. L'imbécile. Pour cinq minutes. Je refais le chemin en sens inverse, repasse devant ma cabine, reprends l'escalier de l'équipage et monte jusqu'au pont 7 : derrière deux lourdes portes se trouve un pont extérieur pour les passagers. L'après-midi, on y joue au shuffleboard, mais à cette heure-ci, il n'y a personne. Des bourrasques de vent fouettent la mer, mes yeux se remplissent de larmes, il fait encore clair, le solstice d'été remonte à peine à deux semaines et, ici, au nord, il ne fait jamais vraiment nuit en ce moment.

Caleb pose le single malt devant moi, sur une petite serviette, à côté des cacahuètes au wasabi. Vu le froid, je suis la seule à m'être aventurée dehors. Je me suis emmitouflée dans deux couvertures. D'ailleurs, normalement, je n'ai pas le droit de commander de boissons ici. Dans la zone passagers, je ne peux que me faire inviter par des croisiéristes, pas commander moi-même. Et si j'ai le droit de me faire inviter, c'est uniquement parce que je fais partie de l'*Entertainment*. En tant que membre de l'équipage, si on se fait prendre avec plus de 0,8 g d'alcool dans le sang, on se fait virer direct.

Encore un whisky.

Caleb et moi, nous imaginons chaque fois les croisiéristes qui m'invitent. C'est un bon serveur. Il sait que je suis triste et m'apporte autant de single malt qu'il m'en faut. J'ouvre le carnet, je prends le stylo et pose mon regard sur la mer déchaînée.

Encore un.

Depuis que mon cerveau s'est remis à réfléchir, je fais des traits. Un trait par pensée pour Julian. Voilà à peu près à quoi ça ressemble dans ma tête, du coup :

Je dirais : 1,4 g dans le sang.

Quand je me réveille, Eileen est déjà partie pour la répétition de danse. J'allume la fenêtre. Dehors : du gris. J'évalue la houle grâce à une chaînette pendue à un crochet, à la porte du WC-douche. Le bateau rue. Je fais une toilette de chat, j'enfile mon uniforme de bord non officiel : pantalon de jogging, pull, tennis. J'attrape ma parka, il me faut absolument un café, et j'ai encore exactement dix minutes pour en avoir un à la cantine de l'équipage. Ensuite, ça ferme jusqu'à midi. Je traverse au radar les dédales éclairés au néon. J'ai rêvé de Julian. (En pensée, un trait dans le carnet.) Le *stage manager* aux yeux bouffis se

tient devant le tableau, dans le couloir qui mène à la cantine de l'équipage. Manque de chance, il me voit. "Cet après-midi, c'est le gala de glace au pont Piscine, tu es aussi sur la liste pour les drapeaux."
Les jours en mer, plutôt que de risquer que les passagers s'ennuient, on agite des drapeaux. Sur le pont Piscine, deux barmen taillent dans des blocs de glace un cygne et une grue cendrée. Pour accompagner, on sert des cocktails et des amuse-gueules. Le capitaine distribue des poignées de main. Les passagers adorent.
"Keep them entertained, keep them happy, keep them fed, keep them drunk", lance le *stage manager*, tant pour moi que pour le couloir vide. Il a la voix rauque du fumeur. À quarante-deux ans, il en fait presque soixante.

Tenzin et les autres s'activent déjà pour le repas de midi. Nous échangeons quelques mots rapides. Je me sers un café dans un gobelet en carton et attrape une orange, j'ai encore quelques minutes, je m'assieds à une table proche de la télé. CNN. Dans une région désertique de Russie, une équipe de chercheurs a découvert un cadavre de femme dans une cabane d'ermite. +++ *female corpse in eremit hut* +++ +++ *Siberia* +++
Je bois cul sec la moitié du café, j'épluche l'orange, son parfum est un parfum d'enfance, et dans la limite de ce qui est possible sans couteau, j'essaie d'enlever le maximum de blanc. J'enfonce mon pouce dans le fruit, partage l'orange, en fourre un quartier dans la bouche et pense *vitamine.* À proximité de la cabane d'ermite, on a trouvé cinq tombes. On suppose qu'il a pu s'agir d'une même famille.

Un carnet qui a beaucoup souffert des conditions climatiques doit encore être analysé.

Tenzin annonce qu'ils ferment. Je glisse quelques bouts de peau d'orange dans la poche de ma parka, retourne au distributeur de boissons, remplis mon gobelet de café et, interdiction suprême, m'aventure avec dans les couloirs qui mènent au pont de l'équipage, deux étages plus haut, tout à l'avant du bateau. C'est notre aire de jeux. Il y a même une piscine minuscule, attraction très fréquentée les jours de beau temps et dans des contrées plus chaudes. On fume des cigarettes. On téléphone. On bronze. Je n'y vais que la nuit ou quand il fait mauvais. Et pour voir les dauphins et les baleines. Hier, j'ai aperçu un jet au loin. Peut-être une orque.

Je pousse la lourde porte en acier, un vent humide me mord le visage. On ne voit pas bien loin. À cent mètres tout au plus. La côte et ses nombreux fjords, aussi resplendissants que dans les prospectus, devraient normalement se trouver à notre droite. Ils y sont sûrement, d'ailleurs. À moins que nous n'ayons été victimes d'un détournement. Comment savoir avec cette grisaille à longueur de journée.

Une grosse mouette est perchée sur le bastingage avant. En voilà une qui n'a pas envie de voler. Elle se fait conduire par ce paradis de bien-être qui crachote en continu des nuages de fioul dans sa patrie norvégienne.
Je m'installe à côté d'elle sur le bastingage, elle a une tache rouge sur le bec et agite un instant les ailes. Nous nous accordons mutuellement l'asile. Je sirote mon

café, j'enfonce l'autre main dans la poche et je malaxe les peaux d'orange pour en extraire un peu de sérénité.

La mouette et moi sommes les seules sur le pont de l'équipage. Nous regardons la mer et suivons chacune le fil de nos pensées : *Julian* et *poisson*. Derrière la passerelle, le poste de commandement nous domine, mais ici, à la proue du bateau, nous sommes des pionnières.
Hé, mouette pionnière, tu as vu ? Là, il y avait quelque chose de sombre dans les vagues. Une baleine. Tu ne crois pas ? La mouette ne répond pas. À la place, c'est la Sécurité qui arrive sur le pont.
"Step off the rail !"
Je descends du bastingage. La mouette déplie les ailes et se demande si cela vaut la peine de décoller ou si les choses vont se calmer.
"We don't want no Oscar-Oscar here ! Understand ?
— Yes."
La mouette s'envole en criant.
"This water is very cold. You would not live longer than ten minutes. Understand ?
— Yes.
— So, don't sit on the rail. Your name and cabin number, please."

Je renifle mes doigts à l'orange. La mouette fait un petit tour, plane apparemment sans difficulté dans le courant d'air ascendant à côté du bateau et rit de son rire de mouette, tandis que l'un des gars de la Sécurité note mon nom, son collègue contrôlant le pont à grandes enjambées viriles.
Ils jouent toujours les shérifs. Bon, d'accord : il y a en ce moment quatre mille personnes à bord. Trois mille

passagers et mille employés. *YourBoat* est en fait une ville miniature. Il y a une rue commerçante, des cafés et des restaurants, un théâtre, des bars, une imprimerie, une blanchisserie, une unité d'incinération des déchets et une station d'épuration des eaux usées. Il y a un coiffeur, un hôpital avec une équipe de médecins, plusieurs saunas dans un espace panoramique, une salle de fitness avec des entraîneurs, une discothèque avec lumière noire, un salon d'esthétique qui propose des soins au Botox, un jardin d'enfants avec une piscine à balles. Des cabines luxe, des cabines extérieures, des cabines intérieures. Et partout, tout le temps, toujours à portée de main, de la nourriture et des boissons *all inclusive.* L'alcool coule à flots, et je comprends bien qu'il soit nécessaire d'avoir quelque chose qui ressemble à une police pour le cas où quelqu'un perdrait la boule après dix *Blue Lagoons.* Je comprends bien le concept de la Sécurité. Ça ne change rien au fait que je n'aime pas ces types. Ils feraient mieux de pourchasser des criminels, comme dans *La croisière s'amuse* – au moins, on y vole des colliers en diamants –, plutôt que de me pourchasser, moi. La musique de *La croisière s'amuse* passe en boucle dans ma tête.

La mouette se pose à tribord sur le bastingage et s'installe à nouveau, ailes repliées contre le corps. J'attends un moment après le départ de la Sécurité, puis je m'assieds à côté d'elle à une distance respectueuse. Entre nous et le bastingage extérieur, il y a encore plus d'un mètre, ils n'ont rien à dire, même avec une mer grosse comme ça. Le café est froid, je le bois quand même, même s'il est infâme et que je suis bien réveillée, maintenant. *Poisson. Julian.*

Nous nous retrouvons dans la cage d'escalier, à l'arrière du pont 11, pour la cérémonie des drapeaux. Nous portons tous notre uniforme de bord : pantalon blanc et chemises ou chemisiers à rayures bleues et blanches, avec un pull sans manches bleu foncé par-dessus. On dirait des clones du capitaine Stubing. L'équipe spectacle est au complet. Dehors, le temps est couvert et il fait 8 °C, aucun de nous n'a envie d'aller se planter au bord de la piscine pour agiter des drapeaux au rythme de l'hymne de *YourBoat*, et encore moins Marie, la danseuse cubaine, dont la commissure des lèvres va bientôt toucher le pont des machines. Roberto et Eileen arrivent en dernier.

Vous êtes déjà au courant? Quoi? L'histoire du cadavre? Quel cadavre? Celui qui est dans la chambre frigorifique du pont 2! Quoi? Oui, oui! Depuis quand? La nuit dernière. Mais c'est qui, le mort? Un homme, pas jeune. Pax ou équipage? Pax. Quand est-ce que c'est arrivé? Hier soir. Infarctus. Il n'est pas mort tout de suite. Il paraît qu'il a encore pu dire à sa femme qu'il l'aimait. Non. Si. Alors, c'était ça, le Starcode Red? Oui, voilà. Ben dis donc. Et la soirée, l'Ice Party? Annulée. Le frigo est déjà pris. Ah ah. Sauf que ce n'est pas une blague. Merde. Oui. Et il avait quel âge? Soixante-dix, déjà, ou quelque chose comme ça. Ma foi. Au moins ça. Et maintenant, la veuve a une cabine luxe sur le pont 14. Elle va débarquer? Non : la Norvège et l'Islande ne voulaient pas du cadavre, trop de paperasses, il reste dans le frigo jusqu'à ce qu'on soit en Allemagne. Non? Si, je te jure.

Le *stage manager* fait taire le brouhaha et demande si tout le monde a son drapeau. Oui. Sur le pont, les haut-parleurs déversent sur les bassins bleutés les premières mesures de l'hymne de *YourBoat*. Nous sortons. Marchons en rythme. J'ai écopé du drapeau espagnol. Quelques passagers en K-Way version luxe se sont regroupés sur le pont extérieur. Ils supportent le mauvais temps, tiennent courageusement leurs verres à cocktail et nous regardent agiter nos drapeaux en chœur au bord de la piscine comme s'il s'agissait d'un vrai spectacle et pas d'une grosse arnaque. Un couple en tenues assorties a emporté ses bâtons de marche nordique. Enveloppés dans des couvertures, quelques irréductibles sur des chaises longues attendent avec impatience de pouvoir retourner dans l'eau dont ils ont été chassés pour l'événement. Le collègue baudroie chante avec un accent italien l'hymne qui parle de liberté, d'aventure et de bien-être. Il gesticule et se jette en même temps sur le micro. Derrière un périmètre de sécurité, deux barmen philippins armés d'un pic s'attaquent à un bloc de glace dont ils libèrent savamment des oiseaux emprisonnés. Le capitaine prie de bien vouloir l'excuser. Pas étonnant, avec le temps qu'il fait. L'hymne s'étire au-delà de la bienséance, repart encore une fois de plus belle, vibre et meurt de sa belle mort. Applaudissements. Les capitaines Stubing quittent la scène.

L'*entertainment manager* assigne la moitié d'entre nous au contact passagers. Moi comprise. Quatre-vingt-dix minutes de conversation avec les croisiéristes.
"No grouping!", rappelle l'*entertainment manager*. Les membres de l'équipage ne doivent pas se regrouper par plus de deux.

J'arpente le *pont Seastar*. Partout, les gens mangent. Partout, les gens boivent. Partout, les gens se font servir par le personnel, avec une évidence qui me fait peur. Ils sont en vacances, ils se sentent supérieurs parce qu'ils peuvent s'offrir une cabine intérieure pour 999 € dans l'agence de voyages de LIDL, et ils se comportent comme des cochons, laissent derrière eux des poubelles, des verres sales, des serviettes sales, des draps en boule, des tasses sales, des assiettes sales, laissent derrière eux des vomissures et de la merde en estimant qu'ils en ont bien le droit. Le collègue baudroie remarque que je suis en rage contre les passagers.
"Smile, dit-il.
— Fuck you", dis-je.

Au salon *Feelgood*, un couple d'un certain âge m'adresse la parole et m'invite à prendre un expresso à leur table. Ils font l'éloge de mes prouesses sur scène et invitent un couple d'amis à nous rejoindre. Je me sens comme un ours de foire.
"Quel animal étiez-vous hier, dans la comédie musicale ?
— Une méduse.
— Vous n'étiez pas Frau Luna ?
— Non."
Je leur demande à combien de croisières ils en sont. Huit. Ils demandent si moi aussi, je m'amuse.

Je passe l'après-midi à pleurer dans ma cabine et ne me secoue que juste à temps pour le spectacle Loriot, dans lequel je joue tous les rôles traditionnellement tenue par Evelyn Hamann. Je remets le censeur en marche, je me maquille, je monte sur scène, je fais quelques étirements et des assouplissements, je détends mes bras et mes jambes, je revois avec le collègue qui joue Loriot les dialogues qui s'enchaînent du tac au tac. Une dernière fois, je répète le sketch de l'annonce télévisée de *North Cothelstone Hall*, dans lequel la speakerine, à force de vouloir prononcer correctement toutes les expressions anglaises de son texte, finit par ajouter partout un accent britannique… C'est une sacrée gymnastique pour la langue et une prouesse côté concentration. Et toc. Raté. On recommence à zéro. Je regarde en direction du public et me concentre. Au-dessus de l'avant-scène, le rideau fermé en demi-cercle ondule vers la gauche et la droite, balancé par la houle. Mais non, n'importe quoi, réfléchis une seconde, lui, il se contente de rester pendu selon les lois de la gravité, c'est nous qui tanguons sous lui. C'est l'heure des perruques et des costumes. Dans le miroir, une femme me regarde. J'espère que je n'ai pas cette tête-là. Nous nous mettons en place, nous commençons dans la salle. Pour la proximité avec le public. Le cocktail de ce soir est baptisé *Le petit épargnant*.

Avec un âge moyen largement supérieur à soixante ans, le public connaît par cœur presque tous les dialogues de ces sketchs des années quatre-vingt et éclate de rire exactement là où c'est prévu. Réplique. Rires. Réplique. Rires. Réplique. Rires. La prévisibilité de leur amusement me rend triste. Et plus je suis triste, plus le public me trouve drôle. Ce qui me rend encore plus triste. Je m'emmêle à l'envi dans les différents accents de l'annonce télévisée, tandis qu'au premier rang, deux femmes d'un certain âge s'écroulent de rire.

Après le spectacle, je vais à la salle de sport. Les Morlocks ont la permission de s'entraîner après 21 heures. Je monte sur le tapis de course, le regard rivé sur une fenêtre pleine du vide gris dans lequel nous avançons. Je choisis une playlist, mon téléphone ne contient plus que de la musique d'après la séparation, je choisis un parcours, une vitesse et je cours au rythme des tambours que j'ai achetés quelque part à un vendeur de rue, 8,7 kilomètres sur place, jusqu'à ce qu'on me demande de partir parce que la salle ferme.

L'Ice Party est effectivement annulée, repoussée à la prochaine croisière, à cause du cadavre dans le frigo. Comme les Morlocks veulent quand même faire la fête, le bar de l'équipage et le couloir qui y mène sont complètement bondés. Le bar de l'équipage est sur le pont 2, en dessous de la ligne d'eau. Il est petit, sale, enfumé, et il ferme à 1 h 30. Si nous devions rencontrer un iceberg, maintenant, ou la côte trop proche, tout irait très vite pour nous.

Pour les passagers, cet endroit s'apparente sûrement à l'enfer. Pour nous, c'est le lieu de l'apesanteur. C'est ici que les Morlocks dévorent leurs Éloïs. À cette heure, tous ceux qui sont dans la salle ont dépassé les 0,8 g. Si la Sécurité nous faisait souffler dans le ballon ce soir, il n'y aurait plus aucun d'entre nous à bord demain. Et comme les gars de la Sécurité le savent, ils ne passent pas contrôler. Pas avant 1 h 30.

Avec Nenita, je me retrouve enfin debout à une table à laquelle je peux me tenir. Vodka pour moi, bière pour elle. La musique est à fond. Nous hurlons

pour nous entendre. Elle raconte le nettoyage de la cabine du mort. Il a fallu tout désinfecter. Un boulot monstre. Elle a aidé la veuve à emballer ses affaires et à emménager dans la nouvelle cabine, sur le pont 14.
“You seen it ? Luxury cabin ?
— No.
— It is big and light room. Fresh flowers. Champain. Chocolate. What a widow want with chocolate ? Stupid captain. You know, when your husband dead, you no want no chocolate !”

Tenzin s’approche et nous invite à danser. Je secoue la tête, Nenita me regarde.
“Have fun”, dis-je et, pendant un moment, je les regarde faire. Deux cuisiniers bien en chair, les cheveux taillés en brosse et la lèvre supérieure ourlée d’un film de sueur, prennent la place de Nenita et me chassent petit à petit de la mienne. Je prends mes affaires et je vais acheter deux canettes de bière au bar. À gauche, à gauche, on monte un étage, encore un autre, à droite, pont 4, tout droit jusqu’à la proue du bateau et, de là, escaliers jusqu’au pont 11. Il bruine.
Je prends une couverture sur une chaise longue, près de la piscine, et grimpe l’escalier qui mène aux ponts supérieurs. J’escalade la balustrade de l’îlot de bien-être n° 7. Dans ces îlots pour deux personnes, avec matelas, toit et rideaux, on est tranquille et on a vue sur la mer. Les passagers les louent pour la peau des fesses. 100 euros la journée ou quelque chose comme ça. Ici, il n’y a pas de vent, je m’emmitoufle dans la couverture, j’ouvre une bière et je sors mon carnet. Prête pour les petits traits. Mes cheveux, ma parka, tous mes vêtements empestent la fumée. Je

me demande pourquoi j'ai pris une douche tout à l'heure, je ferme les yeux et je laisse le bruit de la mer m'envahir.

Près de moi, un bouchon saute. J'ai dû m'endormir. À quelques pas de là, je vois une dame d'un certain âge appuyée contre le parapet et je sais tout de suite que c'est la veuve. Elle est habillée bien trop légèrement et elle est pieds nus. Nous avons déjà franchi le cercle polaire. Et elle, sans veste ni chaussures. Comment se fait-il qu'elle ne porte pas de chaussures ?
La bruine a mouillé ses cheveux qui pendent en mèches sur son visage, son chemisier fatigué lui colle au corps. Cela doit faire un moment qu'elle est dehors. Elle tient une bouteille de veuve-clicquot et boit une gorgée au goulot. Un instant, la lourde bouteille oscille sous son propre poids.
Vus d'ici, les yeux de la veuve sont de profondes cavités noires. Son regard vide, impassible et humide, se promène sur la mer.
J'hésite à lui proposer ma couverture. Quand je me lève, je renverse ma canette de bière encore à moitié pleine. Une petite mare inonde le pied de la table basse. Mon carnet boit la tasse. J'essaie de sauver ce qui est encore sauvable. J'essuie à la hâte quelques pages du revers de ma manche.
Mais il est trop tard.
Quand je relève la tête, la veuve a disparu, et je me retrouve là, avec le carnet imbibé de bière où s'effacent peu à peu les traits, les fils de mes pensées qui racontent notre histoire, à Julian et moi. Les traits qui racontent le moment où j'ai abrité Julian avec mon parapluie parce qu'il était planté là au feu rouge, sous une pluie battante, perdu et

déjà trempé. Le moment où il a dit “Merci”, où il a souri et demandé si je voulais aller au petit restaurant polonais, de l’autre côté de la rue. Le moment où il a commandé un sèche-cheveux pour ses cheveux, une soupe pour son ventre, et de la vodka pour nos palais. Des traits qui racontent notre premier baiser quelques heures plus tard et, trois semaines après, le moment où il m’a dit que j’étais la femme avec qui il voulait des enfants et une vie tout entière. Le moment où nous avons emménagé dans son appartement minuscule, en arrière-cour, ce nid que nous nous sommes construit, notre bonheur. Des traits qui racontent nos noces. Notre mariage dans la forêt. Sans état civil ni église. Juste nous deux. Avec du feu, de l’eau, du sang et de la terre. Le moment où nous nous sommes promis l’un à l’autre. Le moment où nous avons emménagé dans une autre ville plus grande parce que Julian ne voulait pas refuser une offre de travail là-bas. Et la fin de mon engagement au théâtre, du coup, parce que je voulais être à ses côtés. Notre nouvel appartement, qui nous semblait vide au début parce que nous avions si peu de meubles. Le moment où nous nous sommes peu à peu installés dans cette nouvelle vie. Avons partagé des choses. Avec des amis, des cercles d’amis. Et les années qui passent. Le moment où j’ai commencé à avoir du succès moi aussi. Les déplacements fréquents que j’ai dû faire. Le moment où je suis rentrée après un assez long tournage et où il n’était pas là. Pas là pour m’accueillir avec un repas, comme d’habitude. Et son téléphone qui sonnait dans le vide. Le moment où il a biaisé, le lendemain matin, quand je lui ai demandé où il était. Et comme je le savais en fait et refusais en même temps de le reconnaître. Le

repli de Julian sur lui-même et, quelques mois plus tard, le moment où il a dit son *Je ne t'aime plus*. Le moment où il a été trop lâche pour dire : *J'en aime une autre*. Les révélations des amis et le moment où il a déménagé, en décembre. Avant Noël.
Les traits qui s'effacent disent ce que je fais sur ce bateau. Mes yeux sont barbouillés. J'essuie mes larmes et les restes de mascara avec la manche de ma parka. Épuisée, je regarde la mer. Là. Une baleine. Sans aucun doute.

Lofoten. D'accord, mais où sont les Lofoten ? Notre fenêtre est allumée et transmet du brouillard gris. Je descends de ma couchette, Eileen est déjà partie, j'ouvre la porte du WC-douche, ça sent le brossage de dents. Assise sur les toilettes, je ne peux pas m'empêcher de penser à la veuve. Les haut-parleurs hurlent et me ramènent dans l'instant présent. Sirène aiguë. Et puis : *Attention crew, attention crew. Drill, drill, this is a drill, bravo, bravo, bravo. Attention crew, attention crew. Drill, drill, this is a drill…* Merde, merde, merde. J'avais complètement oublié l'exercice. Je tire la chasse, je cours, je saute, je boutonne, j'enfile, je me glisse dans mon uniforme de bord. Je clippe mon badge sur mon pull, j'attrape mon gilet de sauvetage et mon *Identity Card*. J'ouvre la porte, je la referme. À droite, tout droit, sourire, à gauche, tout droit, à gauche, à droite, on monte un étage, encore un, encore un, à droite, à droite, tout droit, à gauche. Je suis en position. Devant les canots de sauvetage. Pont 8, *Zone de regroupement D*. Les deux stewards qui sont responsables de cette zone avec moi attendent déjà. J'essaie de reprendre mon souffle.
“Have they checked yet ?

— No.
— Cool.
— You are always late.
— No, not always.
— Yes, you are.”

Entre deux canots, je regarde par-dessus le parapet. Il y a deux autres bateaux de croisière dans la baie. Un italien et un américain. Je regarde les navettes qui conduisent les passagers vers les îles. Certains de nos canots aussi font l'aller-retour jusqu'au petit port de Leknes, à peine visible d'ici : il bruine, les nuages sont bas, les Lofoten n'existent pas. Je pense aux habitants de Leknes, aux croisiéristes qui leur tombent dessus régulièrement : rien qu'aujourd'hui, ça pourrait bien faire dans les sept mille passagers.

Une demi-heure s'écoule avant que la Sécurité vienne nous contrôler. Ensuite, je rejoins la cantine de l'équipage en faisant un détour, déniche une pomme et du café, retourne à la cabine. Eileen et Roberto sont couchés, se bisouillent, se tripotent et regardent la télé. Je me change et prépare mon sac à dos : ordinateur portable, câble, porte-monnaie, livre, pomme.
“You go to Leknes? demande Roberto.
— The weather is shitty, dit Eileen, qui change de chaîne pour afficher notre fenêtre. Look!
— I know. I need a walk”, dis-je en enfilant ma parka. Je vérifie les poches : passeport, *Identity Card*, téléphone, carnet, et j'attrape mon sac à dos.
“See you later, dis-je.
— Have fun, dit Eileen.
— Bye”, dit Roberto.

Maintenant, il ne bruine plus : il pleut. La couverture nuageuse est un peu moins basse, on aperçoit la silhouette des montagnes. Je mets ma capuche et franchis l'embarcadère instable. L'office du tourisme, un petit bâtiment au bord du bassin portuaire, est plein à craquer. Une forêt de parapluies s'agite devant. Sur la porte, un panonceau indique : *No WiFi. No Toilet.*
Italiens, Américains et Allemands se pressent dans les espaces de vente exigus et se disputent les pulls norvégiens, les peaux de renne et autres souvenirs. Je demande un petit plan des environs, et j'achète une carte postale des Lofoten sans nuages, avec un timbre.
Je veux trouver un café Internet. Le centre-ville est à 3,5 kilomètres. Un bon nombre de passagers reprennent déjà la navette dans l'autre sens. *Been there.*
Je suis la route, derrière un petit groupe qui doit sans doute aussi faire partie de l'équipage et cherche comme moi une connexion Internet.
Les rues sont bordées d'herbes vert vif qui fleurissent en abondance et qu'on appellerait mauvaises herbes en Allemagne. Ici, elles poussent sans retenue, sauvages et libres, et n'importe quelle rose, en comparaison, paraîtrait sans intérêt.
C'est dimanche : le seul café de Leknes et le supermarché sont fermés. Pas d'Internet. Pas de shampooing. Il paraît qu'il y a quelque part une station-service avec une petite boutique. Les membres de l'équipage font demi-tour, grognons. Je continue jusqu'à l'église. Sur le chemin, une centaine de motards me dépasse en klaxonnant. Des Harley, pour la plupart immatriculés en Norvège et en

Suède. Mais qu'est-ce qu'ils font ici, tous ces bikers, au bout du monde ?
L'église du village peinte en rouge est plantée sur une petite colline, elle est toute en bois. La lourde porte et moi mettons un petit moment à nous mettre d'accord, mais elle finit par céder bruyamment et je me retrouve au sec. Dans la nef, toutes printanières, trois jeunes filles en pulls norvégiens sont occupées à décorer les bancs avec des bouquets de fleurs. Elles rient et bavardent à voix haute. Devant l'autel, un homme barbu installe un micro. Je m'assieds au dernier rang. L'homme s'adresse aux jeunes filles et l'une d'elles, la plus grande, s'approche alors du micro et commence à chanter *Rolling in the Deep*. Sa voix me donne la chair de poule. L'une des deux autres fleurit le rang où je suis assise, nos regards se croisent. Nous échangeons un sourire. Deux êtres humains et un regard. Rien qui fasse obstacle. Puis elle s'éloigne.
Je ne peux pas m'empêcher de regarder les trois jeunes filles, je pourrais les observer indéfiniment. Elles sont comme les mauvaises herbes au bord de la route : vigoureuses, sauvages et belles. Une fois qu'elles ont décoré tous les rangs, la plus grande prend une guitare et, à trois, elles répètent un chant norvégien.
Une famille en costume traditionnel entre, tout le monde les salue. L'homme barbu serre la main des adultes et les prend en même temps dans ses bras. Les enfants courent dans l'église. L'atmosphère est chaleureuse, jusqu'à ce qu'on entende, à l'entrée de l'église, les conversations d'un groupe de passagers de notre bateau. J'allume une petite bougie, je glisse quelques pièces dans le tronc et je sors de l'église.

Après le *Je-ne-t'aime-plus* de Julian, plus rien n'avait d'importance. Je voulais partir, c'est tout. L'appartement, la ville, les mots, tout portait les stigmates de son existence, de notre existence, il n'y avait plus un seul recoin, plus un millimètre qui ne m'ait aussitôt fait figurer à ses côtés, qui n'ait ravivé son souvenir, qui n'ait hurlé dans toutes mes terminaisons nerveuses le manque, le *non-nous.* Je ne mangeais plus, ne dormais plus, ne parlais plus, je buvais trop peu de boissons sans alcool. Tout était blessure. Cet *appartement-encore-nôtre*. Le verre à dents. Le téléphone muet. Les odeurs. Et les odeurs qui disparaissaient. La musique. Les amis et les connaissances qui avaient été au courant bien avant moi. Mon âge : une blessure. Et la rue. Et les livres et les journaux. Et le courrier qui était dans la boîte. Et le courrier qui n'était plus dans la boîte.

Il pleut toujours, mais les nuages sont nettement plus haut dans le ciel, on dirait que ça se dégage. Je me retourne encore une fois et prends l'église en photo. Sur le chemin du retour, en allant vers le port, j'arrive à un croisement où un panneau en bois indique un *vista point*, vers la montagne. On ne peut pas voir le sommet, enfoui dans les nuages. J'avance dans la direction indiquée et je regarde l'heure : pour être de retour à temps sur le bateau, je dois prendre la navette à 16 heures. La route bifurque, serpente, se change en chemin, l'asphalte fait place aux cailloux, les cailloux à la terre.

Au bord du chemin, je cueille des fleurs sauvages et commence une guirlande. Deux danseurs arrivent à ma rencontre. Ils disent *Wow* en voyant ma guirlande de fleurs, *Beautiful* en parlant du paysage et

continuent leur chemin. Je transforme ma guirlande en couronne, la pose sur ma tête et reprends ma route : il faut que je monte là-haut. Aussi haut que je peux.
Le chemin se change en sentier. Les mauvaises herbes et les bouleaux se changent en mousses et en rochers. À chaque pas, je m'enfonce un peu plus dans le paysage. La pluie se change en bruine. La bruine cesse. Les couches de nuages s'effilochent et disparaissent. J'aperçois le sommet et, par un trou, le bleu, le beau bleu profond du ciel.
Je me retourne : des bateaux de croisière miniatures ont jeté l'ancre dans une baie sombre. Des navettes miniatures vont et viennent entre le port miniature et les différents bateaux. En dessous de moi, le pays s'étale, vert et vif. Sans m'en apercevoir, j'ai grimpé sur plusieurs centaines de mètres. Je regarde mon téléphone. En route. Je veux aller là-haut. En haut. Aussi haut que je peux. Je saute et rebondis sur la mousse où mon pied s'enfonce jusqu'à la cheville, je cherche le sentier sans parvenir à le trouver et ça m'est égal, il n'y a qu'un "en haut".

Avec une pierre, je creuse un trou dans la terre. Quand il est assez large et profond, je le tapisse de mousse, puis je prends le carnet et le dépose au fond. Je pose sur le carnet une pierre et quelques fleurs de ma couronne. Ensuite, je le recouvre de terre et de petits cailloux que je laisse filer entre mes doigts. Tu es poussière et tu redeviendras poussière. Par-dessus, la couronne.

Le bateau américain donne trois coups de sirène. Et lève l'ancre. Maintenant, sur le bateau, ils auront remarqué que je n'ai toujours pas réembarqué, que je n'ai pas encore passé les contrôles et que je ne suis pas à bord. Ils vont essayer de m'appeler. Ils ne parviendront pas à me joindre. Le *stage manager* préviendra l'*entertainment manager*. Le bateau italien donne trois coups de sirène. Et lève l'ancre. J'ai mon passeport. Mon téléphone, un chargeur. Un ordinateur. Le câble. J'ai un porte-monnaie avec des couronnes norvégiennes équivalant à une vingtaine d'euros et une carte de crédit. La dernière navette s'éloigne. Quand elle atteindra le bateau, comme je ne serai pas à son bord, ils informeront la *directrice de croisière*. Elle appellera la police de Leknes et signalera ma disparition. Elle procédera à mon licenciement immédiat auprès de l'entreprise chypriote. Tous les coûts afférents seront déduits de mon salaire. Le capitaine lèvera l'ancre à l'heure prévue, il reçoit une prime quand il économise du carburant, et pour économiser du carburant, il doit réduire la vitesse, et pour réduire la vitesse, lever l'ancre à l'heure prévue, voire plus tôt. La prime lui sera versée en fin de mois par virement bancaire.

Quelques rayons de soleil isolés percent entre les nuages. Une voiture de police passe sur une route. L'eau d'une cascade bruisse au loin. Des filets de fumée s'échappent de cheminées miniatures. Des motards se retrouvent sur une aire de camping. Un arc-en-ciel fait le grand écart. J'enfonce mes racines dans le sol. Je suis une mauvaise herbe.

Le bateau allemand donne trois coups de sirène. Et lève l'ancre.

BÊTES FÉROCES,
BÊTES FAROUCHES

Matelas en mousse
Tapis de sol
Sac de couchage
Couverture
Bidon à eau
Lampe de poche
Livre sur les oiseaux
Journaux
Carnet
Stylo
Kalimba
Vêtements

Pour toi, B.
Je note tout.

JOUR UN

Je ne sais pas combien de temps ça va durer en tout. Trente jours, peut-être, c'est selon. Je suis venue à vélo. Presque 70 kilomètres, je les ai faits d'une traite. C'était facile. J'ai accroché le vélo à un panneau de réserve naturelle. La clef est encore sur le cadenas. Peut-être qu'il pourra servir à quelqu'un. À partir de là, je vais à pied. J'ai l'impression de franchir la partie la plus étroite d'un sablier. Ma maison, ce n'est même plus une adresse sur une carte d'identité. Aujourd'hui, c'est le 19 octobre.

JOUR DEUX (20 OCTOBRE)

J'ai trouvé un affût. Il se dresse près d'une petite clairière, en bordure de forêt, entre un chêne et quelques sapins. Il est en bon état et complètement couvert. C'est un affût quatre étoiles : il y a même un vieux coussin et des restes de moquette. J'ai recouvert le sol de journaux, posé dessus mes matelas, une couverture et le sac de couchage. J'ai encore une barre de céréales. Je la garde.

La nuit, il fait humide. Pour la première fois depuis longtemps, je me suis réveillée sans réveil. Douce arrivée dans le jour. Plus tard dans la matinée, des chevreuils. Ils broutent, comme suspendus dans le silence. J'ai beau être bien cachée ici, ils semblent remarquer le moindre de mes mouvements et flairer leur influence sur le monde. Témoins de mon existence sylvestre. Par une meurtrière, du soleil qui tombe en pluie à l'intérieur. Les feuilles scintillent comme sous le pinceau d'un artiste. Dans l'air humide, les toiles d'araignée portent des colliers de perle. Les champignons sont à la noce quand le soleil fait des heures supplémentaires. Mes sens sont toujours en mode ville, ils se cramponnent à des bruits de moteur, au loin, et sursautent au cri d'un oiseau, frémissent au moindre bruissement.

JOUR TROIS (21 OCTOBRE)

La sensation de faim va et vient comme une marée régulière. Il y a la marée haute, et il y a la marée basse. Malgré tout, je ne touche pas à la barre de céréales. Maintenant, je sens l'odeur de la forêt, je sens l'automne, la décomposition. Des feuilles tombent. Le vent tire sur les branches, les agite et joue avec son butin. Les bouleaux sont les plus beaux. Ils s'abandonnent à ce jeu avec légèreté. Pas du tout comme les glands, au-dessus de moi, qui font un vacarme grossier en tombant sur le toit de l'affût. Je sursaute chaque fois. Aujourd'hui, pas de chevreuils. Pas un seul de toute la journée. En remplacement, du soleil, des écureuils et des myriades d'étourneaux, une apparition incroyable d'une beauté profonde. As-tu jamais vu ça? Quel dommage que nous ne soyons pas ensemble ici. Quel dommage.

J'ai quand même dû quitter l'affût encore une fois, me vider. Au début, je voulais me cacher entre les arbres, et puis j'ai changé d'avis et je me suis accroupie au beau milieu de la clairière. Le visage au soleil, les yeux fermés, un vrai délice. J'ai sûrement des taches de rousseur, maintenant. Je n'avais même

plus envie de remonter. Quand je me suis forcée et que j'ai grimpé l'échelle, deux barreaux se sont cassés. Et ce ne sont pas les seuls qui sont pourris. J'ai failli tomber. J'enlève une étoile à l'affût. J'ai ramassé quelques feuilles qui m'ont attiré l'œil dans cet océan de feuillages, celles dont les couleurs me paraissaient particulièrement belles. Je les mets dans le carnet aussi.
Tu te demandes ce que je fais ici, pendant tout ce temps ? Rien. Mes journées sont bien remplies avec ça. J'observe tout ce qui m'entoure. J'écoute. Je pense. J'élabore des exercices de concentration pour la prochaine vague. Il me faut mieux rationner l'eau. Dorénavant, ce sera par gorgées isolées.

JOUR QUATRE (22 OCTOBRE)

Je me suis réveillée avec un mauvais goût dans la bouche et un air de Depeche Mode dans la tête. *Personal Jesus*. Quel rapport avec mon rêve, je me demande : j'étais dans un restaurant et je commandais des plats à la carte, j'attendais, mais trois heures plus tard, le serveur n'avait toujours pas reparu, ni le repas. J'allais à la cuisine pour me plaindre, mais il n'y avait personne. Je quittais le bâtiment par la porte de derrière et je roulais à vélo sur une route. Tu venais dans l'autre sens, sur une moto, je crois. Arrivés à la hauteur l'un de l'autre, nous nous sommes arrêtés et, au bord de la route, il y avait un poulain nouveau-né couché. Il était encore tout fripé et roulé en boule, son pelage humide était plein de plis. Je lui caressais le corps tandis que tu cherchais un marquage sur ses oreilles pour savoir à qui il appartenait. Il n'y en avait pas. J'étais contente, mais toi, tu voyais tout cela d'un œil méfiant.
Your own personal Jesus / someone to hear your prayers / someone who's there.

Je ne connais que le refrain, et ce rêve m'a retournée. Impossible de trouver la porte du réel, aujourd'hui. *Reach out and touch faith…*
Dehors, le temps est couvert, dedans, les glands continuent de grêler sur mon âme.

J'ai faim. Je pense sans arrêt à la nourriture. Tout à l'heure, j'ai cru un instant sentir une odeur de pommes de terre sautées. Une Fata Morgana olfactive. *Fata Morgana*. Enfant, j'adorais cette expression. Mais j'entendais : *Papa Morgana*. Et j'imaginais le plus bienveillant des pères. Un père qui avait tout ce que n'avait pas le nouveau copain de ma mère. C'est-à-dire pas de main leste. Pas d'haleine de bière. Pas de colère. Pas de pénis. Papa Morgana était tout l'inverse. Avec ses consonances lointaines et inhabituelles, le mot Morgana avait une emprise magique sur moi. Je voulais absolument aller un jour dans le désert pour voir comment c'était, un papa Morgana. Peut-être cette forêt est-elle mon désert.
J'ai un peu rangé. Mis les choses en ordre. Le sac à dos est devenu ma penderie, j'ai quitté mes chaussures pour rester à l'intérieur. La kalimba, le livre sur les oiseaux et le carnet sont posés à la tête du lit. (N'est-ce pas étrange qu'on se cherche toujours un système, une organisation, une possibilité à laquelle se tenir, ne serait-ce que dans d'infimes rituels ?) C'était une erreur de ne pas prendre de brosse à dents : je gratte la plaque dentaire avec mes ongles. TMI. Désolée. Ça me dégoûte moi aussi.
Ma tête bourdonne. J'ai un livre qui s'appelle *Les Oiseaux de nos contrées*, mais pas de guide intitulé *La Flore de nos forêts.* Je vais essayer de te décrire ça : des arbres et de l'herbe, de la mousse et des fougères.

Des champignons. Les arbres, ce sont des chênes, des bouleaux et des sapins ; pour le reste, je ne sais pas. L'herbe est de l'herbe, les fougères sont des fougères et la mousse existe en deux versions. Mon Dieu, je suis vraiment une enfant de la ville. Au moins, je sais reconnaître les gros animaux.

JOUR CINQ (23 OCTOBRE)

Déluge, déluge, déluge. Maux de tête fulgurants depuis le réveil. Sensation de faim. Ma bouche est tellement sèche, avec un goût de métal, j'en ai le vertige. Ce matin, un rouge-gorge était posé sur l'une des meurtrières et me regardait en penchant sa petite tête. J'osais à peine respirer. Sous les plumes rouges de sa poitrine, j'ai vu le battement rapide de son cœur d'oiseau et je n'ai pas pu m'empêcher de pleurer.
~~J'ai~~
Tu me manques tellement.
Beaucoup. Très beaucoup. Le plus beaucoup du monde.
Je m'apaise avec des mélodies toutes simples.
La nuit dernière, j'ai entendu comme un appel. Ce devait être un hibou ou une hulotte, j'ai lu ça aujourd'hui dans le guide sur les oiseaux. Les illustrations sont si mignonnes, difficile d'imaginer la peur que cet appel a fait naître en moi cette nuit. C'était un cri tellement effrayant, comme venu d'un autre monde. Tout ce qui se passe ici, la nuit… J'ai remarqué que la terre était toute retournée sous l'affût. Des

sangliers ? Et aussitôt me vient cette pensée terrible : la saison de la chasse. J'ai observé la clairière. Toujours aucun chevreuil. Sous le chêne, tout près du tronc, une petite amanite tue-mouche a poussé. Un pivert, quelque part, martèle un tronc sans interruption. Le reste de la journée, j'imagine des plats et je regarde une araignée, une épeire diadème, tisser sa toile dans le coin d'une meurtrière. Comme elle est adroite. Comment se fait-il que je ne me sois jamais aperçue de ça avant ? Je la baptise Helmine.

JOUR SIX (24 OCTOBRE)

Je me suis réveillée plusieurs fois cette nuit. Dans mon rêve, tu disais mon nom, si fort que ça m'a réveillée en sursaut. Il m'a fallu un long moment avant de comprendre où j'étais. Ensuite, impossible de me rendormir vraiment : je piquais seulement du nez pour un instant et je rêvais de nourriture. Au petit matin, le cri du hibou, à nouveau, tout proche. Et puis la première lumière. De la brume sur la clairière et, dans la brume : les chevreuils. Deux d'entre eux sont venus tout près de l'affût. Leurs yeux. Ces cils. Une flopée de réflexes en moi, l'envie de me jeter à leur cou. Et puis mon estomac a gargouillé et les a fait fuir, et les autres sont partis aussi. Les intervalles entre les marées sont de plus en plus longs, mais les vagues de faim sont aussi de plus en plus violentes. Tout à l'heure, j'ai balancé la barre de céréales dans la clairière. De colère. Pas besoin d'avoir sous le nez cette tentation permanente. Malheureusement, j'ai été trop bête pour la déballer avant, les bêtes n'en tireront rien non plus.
Helmine s'est cachée quelque part. Ou bien elle hiverne. Hiverner. Très drôle. De jour, on est bien

loin de l'hiver. Il fait si doux aujourd'hui que je peux rester en tee-shirt. *Un automne record.*
Page à page, je ressors le vieux journal *Die Zeit* de dessous le matelas et je lis. J'ai arraché une photo dans la partie Beaux-Arts des pages CULTURE, jusque-là complètement ignorées, et je l'ai accrochée à la paroi en bois, au-dessus de mon matelas. Il y avait une petite tache de résine et le papier journal colle très bien. La photo représente un tableau de Frida Kahlo. *Le Cerf blessé.* C'est une sorte d'autoportrait, tu le connais peut-être même, on y voit Frida Kahlo en cerf dans une forêt. C'est-à-dire le cerf avec la tête de Frida. Neuf flèches lui transpercent le corps. Ah ! Ça colle parfaitement.
Les températures sont nettement plus fraîches la nuit, c'est la nouvelle lune aujourd'hui, ciel sombre et clair : je vois Orion, comme un phare dans la nuit. Je t'imagine en train de dormir. Une image gravée en moi à jamais. J'éteins la lampe de poche maintenant. Je m'allonge.

JOUR SEPT (25 OCTOBRE)

À l'aube, des tirs au loin : la chasse, donc, finalement ! Je crains les chasseurs et j'ai à nouveau ce goût amer sur la langue. Mais qu'est-ce que c'est ? De la bile ? Et si un chasseur me trouve ? Qu'est-ce que je lui raconte ? Bonjour, monsieur le chasseur, je me suis un peu installée ici ?
Aujourd'hui, de la brume, encore. Un drap blanc sur la clairière. Vers midi, le soleil le déchire. Pas de chevreuil pour l'instant. Quand on mélange les lettres du mot aube, ça fait beau, tu avais déjà remarqué ? Fatigue. Je vais me recoucher un petit moment.

Imagine ! Un RENARD. Je viens juste de le voir ! Au réveil, un bruit étrange. J'ai tout de suite regardé par la meurtrière qui donne sur la clairière et je l'ai regardé chasser. Je crois qu'il était sur la piste d'une souris. Il faisait des bonds démesurément hauts pour cerner sa proie. Impossible de réprimer un rire. Et quand ma bouche a laissé échapper ce bruit, il n'avait rien de familier. Ma bouche n'était plus qu'une ouverture d'où sortait quelque chose. D'où quelque chose de rauque se précipitait dans le monde en trébuchant. Il n'y a pas eu que le renard, moi aussi, j'étais tout étonnée. Tout ce temps sans parler, ou inversement : impensable d'avoir parlé un jour. Et même chanté des chansons.

Dans les pages SCIENCES, un article intéressant sur la recherche en neurologie. Et aussi quelques images et photos avec lesquelles j'ai continué la décoration de mes murs. Entre autres, un portrait de Romy Schneider. Signé du photographe F. C. Gundlach. On y voit le visage sans maquillage de la star. Son regard dit tout ce que je ne sais pas exprimer.

JOUR HUIT (26 OCTOBRE)

Il commence vraiment à faire froid, la nuit. Surtout quand le vent se met à souffler dans l'affût. Parfois, je ne peux pas faire autrement que de me rouler en boule, mais peut-être que c'est aussi la faim. Je me réveille souvent. Et j'entends le cri du hibou. Tellement lugubre. Alors je n'arrête pas de me répéter que ce n'est qu'un oiseau… J'ai rêvé que j'étais dans un œuf. Je ne sais plus la suite. Helmine, mon araignée colocataire, a repris sa place dans sa toile esquintée. Et sur la clairière, oui, devine, voilà, c'est ça : de la brume. Pas grand-chose à tirer de moi aujourd'hui.

JOUR NEUF (27 OCTOBRE)

Il paraît que nous ne voyons avec netteté qu'un degré de notre champ visuel. Dans ce degré, il y a : la pluie. Et sans doute aussi dans les trois cent cinquante-neuf autres. Dehors, rien à voir, alors c'est dedans que ça se passe. Séance diapos dans ma tête. La peur bat sous mes plumes. Après toutes ces années et même ici.

Ils croient que j'ai déménagé. C'est d'ailleurs ce que j'ai fait, quelque part. Mais de qui est-ce que je parle quand j'écris *ils*. De mon propriétaire ? De l'administration ? Des loups ? De la société ? Que tu te pointes ici, ce serait le minimum, à vrai dire. Viens, B., allonge-toi près de moi.

JOUR DIX (28 OCTOBRE)

Des neurobiologistes ont découvert que nous vivons constamment dans le passé. Pour être exacte, nous avons 0,3 seconde de retard. Nous ne voyons donc pas ce qui est vraiment là, mais ce que notre subconscient construit comme image de la réalité, après traitement des stimuli qui parviennent au cerveau. Et sur la base de ce qui lui paraît plausible du fait de son expérience. Il faut quand même du temps pour tout ça. 0,3 seconde. Tu le savais ?

Réalités en 0,3 seconde :
Mon ancien propriétaire.
M. Böhme, la cinquantaine, obèse, peau charnue. Il porte un imperméable couleur sable, la moustache et un sac à main pour homme. Me qualifie avec insistance de *charmante jeune femme.* Me prête des qualités telles que la *politesse* et la *ponctualité* et regrette mon licenciement pendant que sa main va et vient dans la poche de son pantalon.

L'administration.

Une forêt d'employés dont les noms et les compétences changent plus vite que mes demandes. Mme Schrader. M. Muess prend le relais. Puis M. Beilhartz. Mais il n'a pas tous les dossiers. Retour chez Muess. Réorganisation du personnel. Mme Griese, directrice du service. À la fin, on n'est plus qu'un numéro dans un dispositif qui veille à ce que la purge soit efficace.

Les loups.
Ils ont tiré sur moi avec leurs flèches. Ont lâché leur meute à mes trousses. Ils se sont jetés sur ma chair, ils ont bu mon sang, m'ont salie, m'ont craché au visage, ont vomi leur sperme au plus profond de moi. Ils ont brisé mes os, volé ma voix, déformé mon regard et pris mes rêves en otages. Mais mes bois, telle une couronne, trônent toujours au sommet de ma tête. (C'est quand même étrange. Tu ne trouves pas ?)

Et hop. Le jour a passé. Encore un. Faucille chavirée, la lune flotte dans l'obscurité. Une courbe de réconfort au creux de laquelle on voudrait se lover.

JOUR ONZE (29 OCTOBRE)

Marée descendante. Quelque chose a changé. Je me sens toute légère. Presque transparente. Comme si je n'avais plus rien, même plus de peau. Tu as déjà pris de l'ecstasy ? Ou eu une illumination ? Mes sens sont clairs comme du cristal. J'entends les feuilles tomber. J'entends les chevreuils brouter. Ils étaient quatre, aujourd'hui. J'entends mes cheveux pousser et le sang dans mes veines. Je vois tout. Douceur pastel du soleil d'automne, encore. Les feuilles sont presque toutes tombées. Comme un tapis doré, festif, qu'on aurait déroulé sous les arbres. Au-dessus, la superbe du ciel bleu. Des couleurs partout. Et tout resplendit. Quelle journée !
Ce n'est pas Dieu possible : me voilà en train de louer la création, le lieu par excellence de tout ce qui a lieu ! Allons, monsieur Wittgenstein, à *vous* maintenant de dire quelque chose.

Les neurobiologistes ont aussi découvert qu'en réalité, nous n'avions aucune volonté propre, et que tous nos actes étaient déterminés par un immense calcul de notre subconscient. Même quand nous pensons prendre une décision spontanée, notre cerveau a auparavant fait tous les calculs nécessaires. Apparemment, notre conscience n'existe donc qu'au niveau du cortex et, pourtant, elle consomme des quantités astronomiques d'énergie. Une stratégie marketing coûteuse, mise en place par le cerveau pour que nous croyions être à la barre. J'aime. Commenter. Partager.

En bas, un geai (quel bel oiseau) enfouit des glands dans la terre, en bordure de la clairière. J'ai envie de l'aider.

JOUR DOUZE (30 OCTOBRE)

Suis descendue hier. À cause du geai. Et aussi pour rester encore une fois au soleil, au milieu de la clairière. Deux écureuils m'ont fait drôlement plaisir en se pourchassant devant moi. Spectacle inlassablement répété sur un parcours déterminé. Le mot anglais pour dire écureuil leur convient tellement mieux : *squirrel.* J'étais très heureuse. Ensuite, il m'a fallu beaucoup de force pour remonter dans l'affût. Les deux barreaux cassés constituaient un obstacle pratiquement insurmontable pour mon ascension. Les premières tentatives ont échoué. Je suis retournée à la clairière pour réfléchir à une solution et j'ai trouvé par hasard la barre de céréales. Je l'ai mise dans ma poche et j'ai cherché une branche assez grosse avec des enfourchures. Je l'ai posée en bas, contre l'échelle, et j'ai essayé de me servir des branches comme si c'étaient des marches. La branche a cassé. Ça m'a mise tellement en colère. Finalement, comme en cours de gym, autrefois, je me suis hissée centimètre après centimètre à l'un des montants de l'échelle. Quand je suis enfin arrivée en haut, mon cœur battait à tout rompre et j'avais des

régurgitations acides, infectes. J'ai mangé un bout de la barre aux céréales, que j'ai revomi.
Comme je ne bouge pas vraiment, je suppose que mes muscles fondent à toute vitesse. Mes reins me font très mal. Ça ne fait pourtant pas très longtemps que je suis ici. Pas même deux semaines. C'est fou comme les choses vont vite. Je constate que j'ai maigri. Mon pantalon est trop grand. Je n'ai pas emporté de ceinture. Complètement vannée aujourd'hui. C'est à peine si je peux penser, et pourtant, tout était tellement limpide hier. Et cette paix. Rien qu'écrire, aujourd'hui, m'épuise. Je vais me reposer.

JOUR TREIZE (31 OCTOBRE)

La nuit dernière, il a gelé pour la première fois. C'est arrivé sans prévenir. Ce matin, la clairière était prise dans un manteau de gel, les brins d'herbe hérissés d'épines de givre. Plus personne dans les toiles d'araignée, et presque pas d'autres animaux, rien de toute la journée. À l'aube, nouveaux coups de feu. Pas très loin, cette fois. C'est peut-être pour ça qu'ils n'osent pas approcher. Aujourd'hui, les dernières feuilles sont tombées et la forêt fait peine à voir, chauve comme ça. Nue. On voit les nids. Tous vides. Où vont les oiseaux en hiver ? Ils ne font quand même pas tous leurs bagages comme les étourneaux.
B., j'ai fait une chanson pour toi.

JOUR QUATORZE (1ER NOVEMBRE)

Aujourd'hui, tout a failli rater. Un père et son fils se promenaient dans la forêt, je les ai entendus de loin et je me suis recroquevillée dans un coin. Je me suis cachée, j'ai retenu ma respiration pour que les petites bouffées qu'on voit dans l'air froid ne me trahissent pas. Évidemment, ils sont venus jusqu'à la clairière et se sont dirigés tout droit vers l'affût. Le petit garçon voulait absolument grimper, mon cœur battait à tout rompre de peur d'être découverte, et par un enfant, en plus. Je préférerais épargner ma vue aux autres. Une chance : le père a vu les barreaux manquants, il a dit *Le bois est pourri*, et que c'était trop dangereux de monter. Le petit a râlé et protesté, mais finalement, il a suivi à contrecœur son père qui s'éloignait déjà. Par chance, ils se sont rapidement intéressés à autre chose.

JOUR QUINZE (2 NOVEMBRE)

En haut de l'affût comme au septième ciel : plus aucune sensation de faim. J'ai déchiré mon tee-shirt pour en faire une ceinture. Presque toute une journée de travail, mais le pantalon tient beaucoup mieux maintenant. J'ai mis tous les pulls les uns sur les autres. Je suis un oignon de laine. Par-dessus, le pull tricoté que tu n'aimais pas. C'est le plus grand, voilà. Je me sens aussi empêtrée qu'une astronaute dans sa combinaison. À l'intérieur, pourtant : des apesanteurs. Seul problème : mon bidon d'eau sera bientôt vide. Il faut que je trouve une solution. Que je construise un système pour récupérer l'eau de pluie.

JOUR SEIZE (3 NOVEMBRE)

Dormi avec un bonnet et des gants. Il m'a fallu longtemps pour émerger. Maux de tête. Ma langue : un corps étranger, sec et putride dans ma bouche. Ça me rappelle l'intérieur duveteux des artichauts. Tentatives lamentables de production de salive : je pense aux plats les plus savoureux que je puisse imaginer, mais rien, ma bouche reste aussi sèche qu'un pet d'ours. Langue lourde, encombrante. Le mieux serait de pouvoir tout simplement l'arracher. Une chose devenue inutile, c'est ce qu'elle est désormais. Et moi, je suis de la tête aux pieds la Lavinia de Shakespeare.

Avec un sac en plastique qui était encore dans mon sac à dos et quelques branches arrachées au toit de l'affût, j'ai fabriqué un entonnoir dont l'extrémité aboutit au bidon. J'ai accroché le sac à la meurtrière avec mes lacets, côté extérieur. Maintenant, il peut pleuvoir. L'eau qui me reste suffit pour deux, trois jours. Au moins ça. Sinon, séance télé : les deux écureuils redonnent leur spectacle et se pourchassent autour de la clairière. Ils ont un parcours unique, toujours le même, qu'ils empruntent chaque fois. Je doute de leur intelligence.

JOUR DIX-SEPT (4 NOVEMBRE)

Ce matin, nouveaux coups de feu. Et plus tard, je le vois : en bas, dans l'herbe, devant moi, quelque chose gît dans la clairière. Un tas de plumes. Un oiseau. Découvert en vérifiant mon installation de récupération des eaux de pluie. Pas possible de reconnaître ce que c'est comme espèce. Mais c'est gros. Et c'est mort. Qui tire ainsi sur des oiseaux, au plus profond de la forêt, pour les abandonner ensuite ? J'ai peur de voir encore débouler un teckel à poils courts, le chasseur dans son sillage. Je suis la plus discrète possible, je me fais toute petite.

JOUR DIX-HUIT (5 NOVEMBRE)

L'oiseau mort est encore là. Bizarre qu'aucun animal ne soit venu. Dehors, le vent souffle et se déchaîne et il fait froid, comme si Dieu avait réglé le thermostat sur *Automne, puissance maximale.* Douleurs aux reins quand je suis couchée. Dispositif de récupération des eaux démonté, par crainte des dommages que pourrait causer la tempête.

La société.
Environnement pour l'usage duquel, surtout depuis que tu es parti, les compétences requises m'ont fait de plus en plus défaut. Je n'ai jamais eu de télévision. Ni de carte de crédit. Et pas d'autorisation de découvert. Dans l'ensemble, le *tu*, la relation, ne s'est que rarement établie. Et quand elle m'a dit : Mais enfin, nous allons plutôt bien, alors les choses ont été claires pour moi : Peut-être, mais ce n'est pas là qu'est ma place, au milieu de ce chœur.

JOUR DIX-NEUF (6 NOVEMBRE)

L'oiseau mort est toujours là.
La pluie. Enfin. Je voudrais danser.
Dispositif de récupération à nouveau en place.

JOUR VINGT (7 NOVEMBRE)

Complètement à bout de forces. Être encore là aujourd'hui, quelle surprise. Pleine lune.

JOUR VINGT ET UN (8 NOVEMBRE)

C'est une chouette !
Passé la journée d'hier à regarder l'oiseau. Il me faisait pitié, comme ça, sous la pluie. Et tout à coup, j'ai su que je devais le rapporter ici. Il m'a fallu démonter le dispositif de récupération des eaux parce que j'avais besoin des lacets pour mes chaussures. Rien n'est simple. Avec une sangle du sac à dos, j'ai fait une boucle que j'ai fixée au-dessus des barreaux cassés pour pouvoir remonter. Suis descendue juste en sous-vêtements et avec des chaussures pour ne pas mouiller mon pantalon et mes pulls. Rien que le déshabillage, ça a dû me prendre une heure, après quoi j'ai d'abord dû me reposer. Ensuite, il faisait tellement froid sous la pluie – plus froid que notre baignade dans la Baltique, en octobre, il y a deux ans. Arrivée en bas, j'ai encore dû faire une pause. Coups de marteau dans le crâne, coups de marteau dans le cœur. J'ai léché quelques feuilles, après ça allait mieux. Le froid me rongeait carrément les os. Rampé à quatre pattes jusqu'au tas de plumes. Admiré la chouette. Tout de suite, je l'ai examinée. Pas de trace de balle ni de morsure, mais plein de terre sur son plumage.

Même en profondeur, sous les couches de plumes encore sèches, il y avait de la terre. Comme si elle avait déjà été enterrée. J'ai quitté mon maillot de corps, je l'ai enveloppée dedans et j'ai fait un nœud autour de ma taille. Ensuite, ascension de l'Everest avec chouette. Le temps n'est plus le même, désormais. Rien ne va de soi, tout se fait au ralenti : quitter la culotte mouillée, enfiler les vêtements secs. Endormie avec la chouette morte. Pensais ne plus me réveiller.
Tout juste en mesure de réinstaller le dispositif de récupération des eaux aujourd'hui. Il faisait sombre depuis longtemps quand j'en suis enfin venue à bout, et la pluie s'est arrêtée. Le temps s'est levé et, du coup, malheureusement, on se gèle. Bon, j'éteins la lampe de poche.

JOUR VINGT-DEUX (9 NOVEMBRE)

L'air est clair, et le soleil a beau briller, on dirait une lampe faiblarde. Brouillards matinaux. Je suis fatiguée, oui, mais allongée, tout me fait mal. Les reins. Le foie. Ma peau est comme un parchemin. Le moindre geste coûte. J'ai l'impression que tout l'affût tangue. Il y a à nouveau un peu d'eau dans le bidon. À côté de moi, la chouette et le mystère de sa mort.

JOUR ~~VINGT DE~~ VINGT-TROIS (10 NOVEMBRE)

Ma théorie pour la chouette : comme elle n'a pas de plaies visibles, j'imagine qu'elle a été écrasée par une voiture et qu'on l'a ensuite enterrée sommairement. Un animal l'a déterrée et portée jusqu'à la clairière pour la manger, mais les coups de feu du chasseur ont alors retenti et chassé l'animal. C'était le renard. Ma théorie après de longues réflexions. C'est peut-être vraiment ce qui s'est passé. Maintenant, nous sommes là, et ça n'a aucune espèce d'importance.
Je tombe parfois sur un angle tranchant. Et j'ai l'impression que s'installe alors en moi la connaissance d'une autre existence, comme un deuxième monde sous le premier. C'est difficile à décrire. Ça fait que je ne suis presque plus en mesure d'accéder à la conscience de ce que je suis ou de ce que j'étais. Comme si j'étais à deux doigts de renverser une gigantesque cloison mensongère en carton-pâte. B., ton aide serait vraiment la bienvenue maintenant.

JOUR VINGT-QUATRE (11 NOVEMBRE)

Je me digère moi-même. Souvenirs, par ordre inverse d'importance : #17 : nous, assis à l'ombre d'un pin, au bord de la mer, en Slovénie. Devant nous, des olives, du pain, du fromage et la promesse d'un été. #16 : avec toi sur un lac gelé par une nuit de pleine lune. #15 : quand je me suis cogné le petit orteil contre la porte des toilettes, que je me suis effondrée de douleur et que tu m'as apporté un glaçon. #14 : quand nous avons voulu aller au mariage de ta sœur, qu'il y avait un sabot sur la voiture et que tu n'as pas perdu ton calme. #13 : dans la piscine d'un hôtel de luxe, nous faisons la course entre les bonnets de bain des retraités. #12 : un chalet en Bavière. Dehors, des mètres de neige. Dedans, des mètres de couverture, et nous dessous. #11 : ta barbe dans mon cou. #10 : le cerf-volant bricolé ensemble à la Baltique et le moment où il s'est envolé alors que je n'y croyais pas. #9 : jouer au lit au jeu des sept familles de l'espace. #8 : la nuit, dans notre cuisine, avec des bougies et de la purée maison. #7 : quand tu m'as serrée contre toi après que j'ai rêvé des loups. #6 : nous, assis dans la salle de bains, à regarder avec étonnement les deux traits du test de grossesse. #5 : quand nous avons perdu le bébé, six semaines plus tard, et que nous avons fait un gâteau au chocolat à trois étages pour nous consoler. #4 : ton rire et tes baisers. Toujours. #3 : quand tu m'as dit que tu pouvais me voir telle que j'étais. #2 : quand j'ai entendu ta voix pour la première fois. Au beau milieu de mon évanouissement. #1 : ton enterrement.

JOUR VINGT-CINQ

Tu veux savoir pourquoi je suis ici. Quand la police a sonné, j'étais encore en robe de chambre. Ça faisait à peine une heure que tu étais parti. J'avais dans l'idée de continuer à peindre la *Vue du port* et je voulais encore me faire un café, forte de cet *Aujourd'hui, je vais le finir !* que je sentais en moi. C'est là qu'on a sonné, je ne sais plus ce que je me suis dit, qui ça pouvait bien être. Et puis les bouches des policiers se sont ouvertes et c'est ton cadavre qui en est sorti. Après coup : j'avais même entendu les sirènes de ton ambulance, mais je n'avais pas fait le lien avec ma vie. Il n'en faut pas plus. J'ai vraiment essayé de ne pas m'effondrer et de rester digne. Les premières semaines, le choc était plus grand que le chagrin, et j'y suis parvenue. Après…

J'ai emménagé dans un petit appartement. Pas de place pour peindre. J'ai apporté tous les tableaux à la galerie. Annulé les expositions. Loué un atelier. Peint. Il n'y avait que du noir en moi. J'ai craché ainsi sur des tonnes de toiles. Et puis il n'y a plus eu que du vide en moi et j'ai posé mes pinceaux. Pour toujours, je le sais maintenant. Mes économies ont fondu. Je suis allée aux allocations. Mon appartement s'est trouvé être deux mètres carrés trop grands. J'ai dû redéménager. Dans une cité HLM, j'ai trouvé un appartement suffisamment petit et suffisamment bon marché. Et j'y ai dépéri. B., voilà pourquoi je suis ici. Je suis fatiguée.

26

Quelqu'un sait quel jour on est ? Est-ce toi, mon papa Morgana ? Je cherche mes coordonnées.

27

Neige. La première neige.

EXHUME-MOI

Tu es celui qui m'aura trouvée. Je t'adresse ce que j'écris. Je suis celle qui sera allongée ici. Je veux te parler des miens à moi et de celle que j'ai été. Je suis née ici. Dans ce lit où tu me trouveras. Le nom que mes parents m'ont donné est Assia. Je suis Assia. Les miens à moi disent Assienka, parce que je suis la dernière-née des entrailles de notre mère.
Assienka. Il y a longtemps que je n'ai plus entendu ce nom. Depuis que Dieu a rappelé à lui mon frère Sacha. Dix-huit hivers se sont écoulés depuis et, maintenant, je suis la dernière. Chaque jour, je dis mes prières trois fois à voix haute et une fois à voix basse. Chaque matin, je raconte mes rêves à la forêt.

J'ai enterré ma mère. Son nom était Alexandra Iakovna Dimitrieva. J'ai enterré ma sœur. Son nom était Natacha Alexeïeva Dimitrieva. J'ai enterré mon frère aîné. Son nom était Nikolaï Alexeïevitch Dimitriev. J'ai enterré mon père. Son nom était Alexeï Dimitriev. Et j'ai enterré mon frère cadet. Son nom était Sacha Alexeïevitch Dimitriev. Ce sont les miens à moi. C'est dans cet ordre que Dieu les a rappelés à lui. Ils sont allongés dans leur tombe, sous leur croix, sur la montagne qui se dresse derrière la cabane. Qu'ils ne soient pas oubliés.

Je suis Assia. Cet hiver est mon soixante-dixième hiver. C'est ici que je vis. C'est ici que j'ai été conçue, ici que je suis née, dans le dedans, comme on me l'a conté. Le dedans, c'est la cabane. Le reste, c'est le dehors, ce sont la forêt, les animaux, ce qui pousse, la pluie, la neige, le vent, le soleil, la lune, les étoiles. Le dedans est fait avec le dehors. Nous avons tout fabriqué nous-mêmes, avec des arbres, avec des plantes, avec la peau des animaux. Des temps anciens ne restent plus que la sainte Bible et une marmite sans fond.

Le dehors ne finit pas derrière les arbres. Et pas non plus derrière la montagne, ni la montagne d'après. Le dehors que Dieu a créé est très grand. Si grand qu'on ne peut pas en prendre la mesure ni le parcourir à pied en une seule petite vie. Il y a bien plus que le dehors que je connais.

Le dehors d'après le dehors est aussi un amas compact de beaucoup de gens et de péchés. Cela s'appelle ville. La ville est pleine de dedans en pierre qui s'empilent. Cela s'appelle immeuble. Dans ces dedans de pierre, les gens vivent les uns au-dessus et au-dessous des autres pour se tenir chaud et avoir assez de place dans la ville. Comme les lapins dans un clapier, c'est ce qu'a dit Mère.
Le dehors est un amas de beaucoup de villes et de fleuves et de forêts. Cela s'appelle pays. Un pays a une frontière. Pour qu'on puisse la voir, les gens construisent un mur ou une barrière. Mais en réalité,

on ne peut pas la toucher. Elle est dans les têtes. Les fleuves et les animaux n'en savent rien.
Dans une ville, on fait des choses, comme des couteaux et des médicaments.
Dans les pays, on fait la guerre et la paix. D'abord, on s'étripe et après, on se calme. Je ne sais plus comment s'appellent les autres pays. Autour de moi, il y a aussi un pays. Cela s'appelle Russie.
Je ne sais rien de tout cela. Je ne sens pas de pays. Je ne sens que la création de Dieu. Autour de moi, il n'y a que ce dedans, puis ce dehors, et dans tout cela, il y a Dieu. Dieu est dans la goutte de pluie comme dans la déjection du sanglier ou la lune. Orthodoxie. Tel est l'enseignement des miens à moi.

Or, en ces jours-là, Père et Mère quittèrent une ville pour venir jusqu'ici. Et ils créèrent le dedans. Leur ville était loin et, là-bas, ils avaient aussi eu un dedans en pierre, pas en arbre. Un dedans où ils étaient empilés.

Dans la ville, il n'y avait pas de forêt et pas d'animaux terrestres en liberté. Dans la ville, seuls les animaux ailés comme les oiseaux et les papillons étaient libres. Père et Mère n'étaient pas libres non plus. Parce que les autres voulaient leur enlever la foi qui était la leur. Et c'est ainsi qu'ils ont fui, parce que Dieu leur était plus proche que les gens de la ville. Avec Natacha et Nikolaï sur le dos. Et la Bible, et des semences et des couteaux et des marmites et des outils et des peaux de bête et des couvertures et des étoffes, et Dieu sur le dos. Chargés comme deux ânes, ils se sont enfoncés dans la forêt. Plus loin. Toujours plus loin. Puis, un jour, ils se sont dit : Voilà, c'est ici. Parce qu'ici, il y a une montagne. Une source. Un petit plateau sur le versant de la montagne. Parce qu'ici, nous sommes à l'abri. Loin, assez loin. Parce qu'ici, personne ne nous trouvera. Parce que seul Dieu peut nous trouver ici. Une fois arrivés, ils sont redevenus des êtres humains. Ils avaient déjà passé tout un hiver dans la forêt. Avec des enfants petits, on n'avance pas vite.

Père était un homme costaud. Son nom était Alexeï Dimitriev. Mère disait de lui qu'il était fort comme un ours et qu'il pouvait abattre des arbres. Mais en réalité, pour les arbres, il a utilisé une scie. La scie n'existe plus. D'abord, la rouille l'a rongée, et puis Sacha a cassé ce qui en restait. Père l'abatteur d'arbres était grand et costaud, et il avait le front haut avec plein de pensées derrière. Parfois, elles s'échappaient par ses lèvres, mais la plupart du temps, elles ne venaient que de ses yeux. Père nous a enseigné avec sévérité la foi juste, la vraie parole de Dieu. Nous nous y sommes abreuvés, comme la terre, après l'été, s'abreuve de la pluie. Tout ce qu'il savait, il l'a partagé avec nous. Il avait de bonnes dents.
Mère n'avait pas de bonnes dents. C'était une femme douce. C'était la plus petite d'entre nous. Tout ce que Mère savait des semences et des récoltes, elle l'a partagé avec nous. Mère nous a appris à lire, à écrire, à chanter et à raconter des histoires. Dieu s'était montré bon envers elle et lui avait donné un grand cœur, une belle voix et des yeux vifs. Mère est morte l'hiver qui a duré neuf lunes. J'étais alors déjà femme et je saignais. C'était le plus dur et le plus long des hivers : le dégel avait déjà commencé et la terre s'était amollie, nous avons labouré notre champ, planté les pommes de terre et les céréales,

mais l'hiver est revenu. Le gel s'est agrippé longtemps à la terre, il ne l'a plus lâchée jusqu'au milieu de l'été, et nos semences ont toutes gelé. Cet hiver-là, nous avons mangé l'écorce des arbres dont était fait notre dedans. Mais cela ne nous a pas rassasiés et l'hiver ne finissait pas. Alors nous avons mangé les chaussures de Père, qui étaient les plus grandes. Mais cela ne suffisait toujours pas et nous étions trop faibles pour chasser. Alors Mère, elle aussi, a donné ses chaussures, et Dieu l'a rappelé à lui parce que ses chaussures ne suffisaient pas pour tout le monde. Un matin, elle était toute froide. C'était l'hiver qui a duré neuf lunes. Quand le soleil s'est réchauffé, quand la terre a enfin été assez molle, nous avons mangé des racines et, après avoir repris des forces, nous avons creusé une tombe pour Mère, là-haut, sur la colline, avec une croix en bois. Nous étions tristes.

Il nous fallait nous hâter, désormais, et pourvoir au prochain hiver. Le temps pressait, la prochaine neige était certaine. Nous n'avions plus que quelques pois à planter et deux pommes de terre que Natacha avait sauvées du gel et de nos bouches affamées.
C'est alors qu'il y a eu un miracle! Les hommes étaient partis chasser quand nous l'avons découvert. Dieu avait entendu nos prières, je crois que Mère l'avait fait fléchir. Dieu a permis qu'un chaume de seigle pousse dans notre jardin. Une graine, une seule, avait germé. Un peu comme si nous avions donné Mère et, en échange, reçu ce chaume. Nous avons construit une barrière en bois autour, pour qu'aucun animal ne vienne voler ce trésor. Nous avons veillé sur cet unique chaume comme sur un enfant nouveau-né. Jour et nuit. Et Dieu a été

bon : nous avons récolté dix-huit grains de seigle mûrs. L'année suivante, nous les avons mis dans la terre. Et voilà que nous avons eu plus de trois fois cents grains. Et l'année suivante, assez pour pouvoir à nouveau en manger. Un haricot qui s'était caché trois ans sous terre a alors fait son apparition. Nous pensions avoir perdu les haricots aussi, mais c'était sans doute là l'œuvre de Dieu et de Mère. Nous avons surveillé cette pousse et pris soin d'elle comme du seigle.

Après la mort de Mère, c'était surtout Natacha et moi qui nous occupions du potager. Chaque hiver, nous cachions quelques graines sans dire à l'autre où, de sorte que même tourmentées par la faim, nous ne pouvions jamais tout dévorer. L'une de nous était toujours assez forte. Dieu a donné à Natacha de nombreux talents. Elle connaissait les meilleures cachettes dans le dedans et elle était aussi habile au tissage, à la vannerie et au raccommodage. Elle savait où se trouvaient les meilleures baies. De Mère, elle avait hérité ses mauvaises dents. Elle avait aussi appris d'elle le pouvoir curatif des plantes et comment tirer le meilleur des aliments. Les plats qu'elle préparait étaient plus goûteux que ceux que je cuisinais. Nous en avons fait le constat quand Dieu a rappelé Natacha à lui. C'était cinq hivers et un été après la mort de Mère. Natacha avait attrapé une vilaine toux pendant l'hiver. Je lui ai préparé des compresses aux plantes et même des cataplasmes à la pomme de terre. Mais la toux était tout au fond d'elle, et l'été était déjà bien avancé qu'elle toussait toujours. En ces jours-là, elle se trouvait très faible, et Dieu l'a rappelée à lui. Un matin, elle était allongée

sur notre couche comme si elle dormait. Mais elle ne dormait pas.
Ce jour-là, j'ai douté de Dieu. Pourquoi m'as-tu pris Natacha, tu es donc si seul ! ai-je crié dans le petit matin. Et Dieu a répondu : Ne t'inquiète pas. Elle est délivrée. Alors j'ai compris pourquoi Dieu avait rappelé Natacha à lui. Ce n'était pas lui qui était seul, c'était Mère. Désormais, elles se racontaient l'une l'autre leurs rêves de la nuit passée.
À ce moment-là, Père était à la chasse avec mes frères. Il pouvait s'écouler encore des jours avant qu'ils ne reviennent. J'ai attendu une journée, j'ai lavé Natacha, je l'ai étendue sur un linge et j'ai prié. J'ai attendu une journée de plus et prié davantage. J'ai attendu trois, quatre, cinq jours. Et puis j'ai vu que le corps de ma sœur n'était plus qu'une enveloppe. Qu'elle ne l'habitait plus et qu'il commençait à périr. Alors je suis allée sur la colline et, à côté de la tombe de Mère, j'en ai creusé une autre. Le lendemain soir, les hommes sont rentrés de la chasse. Ils se sont précipités dans notre dedans en criant : Natacha ! Assia ! car ils avaient vu la deuxième tombe sur la colline. Mais ils ne savaient pas pour qui elle était. Natacha aussi a eu une croix. Et j'ai tressé une couronne pour elle. Désormais, j'étais la seule femme des nôtres.

Dieu m'avait donné d'autres talents qu'à Natacha. Mon tout premier mot a été LUMIÈRE. C'est ce qu'affirmait ma sœur. Mère disait que c'était MAMAN, Père disait que c'était PETIT PÈRE. Tous disaient que j'étais adroite à filer la toile des mots. Le soir, ils disaient souvent : Assienka, raconte-nous quelque chose. J'ai vite appris les mots, à les déposer sur le papier ou à les recueillir sur celui-ci. Tout ce que je sais, je le sais des miens à moi et du Dr Jelena.

Natacha ayant rejoint Dieu à son tour, notre vie a changé. Dès lors, j'ai accompagné les autres à la chasse quand ce n'était pas trop long. Et seulement si le potager le permettait. Mon œil était habile à viser. Et j'étais douée pour avancer dans la forêt. Nous chassions avec des lances pointues, avec des arcs et des flèches. Père disait que je faisais les plus belles flèches. C'étaient celles qui volaient le mieux. Quand j'ai touché mon premier sanglier, les hommes ont été très fiers. Avec le couteau, j'ai tranché la gorge du sanglier et remercié Dieu. J'avais le cœur en peine. Mais la chair de l'animal, que nous avons mangée grillée avec des champignons, était meilleure que tout ce que j'avais jamais goûté jusque-là. J'étais emplie d'humilité et de reconnaissance. Rien par la suite n'a jamais été aussi bon. Nous attrapions des truites dans la rivière. C'étaient les temps paisibles et, en ces temps-là, j'ai appris à mieux lire la forêt et les animaux. L'été, Père m'aidait au potager. Nous avions du seigle, des pommes de terre, des pois et des haricots. Il fallait souvent surveiller la récolte jour et nuit. Les animaux avaient faim eux aussi. Ils s'étaient passé le mot, ils savaient que ce qui poussait dans notre potager était bon. Nous faisions sécher pour l'hiver des champignons, des pois, des haricots, des baies, des racines, des herbes, du poisson et de la viande. En ces temps-là, la faim n'existait pas. Ici, il y a les temps de gel et de neige, et les temps sans. Entre les deux, il n'y a pas grand-chose. Père et Mère appelaient tout ce que nous faisions travail. Ils disaient que de là où ils venaient, dans l'amas de la ville, les gens travaillaient pour de l'argent. Et cet argent, ils l'échangeaient contre de la nourriture puisque dans la ville, il n'y avait pas de forêt où ils auraient pu chasser ou ramasser des champignons. Je ne comprends pas ce que signifie ce mot, travail. J'appelle cela vivre. Je vis, voilà tout.

Au plus fort de l'hiver, Sacha partait chasser seul. Il était le plus vigoureux d'entre nous. Même pendant les grandes gelées, il pouvait rester plusieurs jours dans la forêt. Sans chaussures, seulement enveloppé dans une peau de bête. Sacha avait de bonnes dents. Il était très résistant. Il a construit les meilleurs pièges, et il a même traqué à mort un jeune renne. L'été, il était rare qu'il revienne de la forêt sans quelque butin.

Nikolaï avait de mauvaises dents, mais il avait le don du feu. Il savait ranimer un feu ardent, même s'il n'en restait qu'une toute petite braise. Quand notre marmite a perdu son fond, il nous a construit un four dans la terre. Nous pouvions aussi cuisiner dessus avec un récipient en bois. Avec les os des animaux, notre bon Nikolaï fabriquait des trésors. Des aiguilles. Des pointes pour les flèches. Des croix. Un jour, il a cassé la lame de notre couteau. Nous ne pouvions plus tailler le bois. Plus fabriquer de flèches. Rien. C'étaient les temps sans couteau. Et en ces temps-là, on aurait dit que Nikolaï n'avait pas seulement cassé la lame du couteau, mais aussi le plus profond de son être. Désormais, il était très difficile de chasser. Seul Sacha y parvenait quand même. En forêt, il était aussi silencieux qu'un chevreuil. Il était rapide et il avait de l'endurance. Il traquait les bêtes.

Dieu avait donné à Sacha un grand talent. Il savait parler aux oiseaux.

Autrefois, Père avait été un bon chasseur lui aussi. Mère avait raconté que Père avait tué un ours brun. Dès le premier été. Nous ne l'avons crue que parce qu'il y avait une peau d'ours dans notre lit.

Une fois le couteau cassé, les temps de famine sont revenus. Et quelques jours après la fin du couteau, c'est une horde de sangliers qui s'en est pris à notre potager. Ils ont mangé toute la récolte de pommes de terre et tout ce qui poussait à leur hauteur. Père s'était endormi en montant la garde, et nous n'avons découvert les dégâts qu'au lever du jour. Il nous a fallu quelques années avant d'avoir à nouveau des légumes en quantité suffisante. Dans cette vie, chaque jour est à sa place et renferme son lot de tâches. Il n'est pas de temps qui soit sans lieu.

Nikolaï s'est désigné comme le coupable de tout. De ce que nous n'avions pas de légumes. De ce que nous ne pouvions plus tailler de flèches ni de lances. De ce que le soleil brillait. De ce que la neige tombait. De ce qu'il pleuvait. Nikolaï a ficelé tous les fardeaux sur ses épaules. Les dents lui en sont tombées et tout en lui s'est ployé. Père avait beau dire : *Ce n'est pas ta faute, Nikolaï. Les choses vieillissent et disparaissent. Une lame de couteau se casse quand elle est usée. Nous rendons grâce à Dieu qu'elle ait duré aussi longtemps.* Mais Nikolaï ne le croyait pas et il n'a pas rendu grâce à Dieu. Et comme il n'avait presque plus de dents, il pouvait à peine se nourrir. Nous lui réservions tout ce qui était mou, et

c'était bien peu, mais il ne voulait pas l'aumône. Il préférait sucer toute la journée un bout de viande. Nikolaï était comme une plante fanée. Il n'y avait plus de sève en lui. Il est mort en automne, quand le ciel était bas. Nous avons creusé sa tombe sous la pluie, avant que le gel prenne la terre. Nous avons fait une croix pour lui aussi. Je lui ai tressé une couronne de feuillage.
Nikolaï est mort dans les temps sans couteau.

Exhume-moi. Je sais qu'un jour, tu viendras, parce que les Autres ont déjà trouvé le chemin jusqu'ici. Mais c'était il y a longtemps. Le Dr Jelena Petrov est venue, et son assistant, Vladimir Sergeïevitch Loukovski. Mère, Natacha et Nikolaï n'étaient alors déjà plus. C'était pendant les années de famine. Nous les avons entendus arriver de loin et nous nous sommes cachés dans le dedans. Quand ils sont entrés chez nous, j'ai crié. Père et Sacha avaient peur eux aussi. Nous avons prié à haute voix, très fort, et demandé son aide à Dieu. Et le Dr Jelena et son assistant sont ressortis aussitôt. Ils se sont construit un autre dedans à quelque distance du nôtre et ils nous ont apprivoisés. Ils parlaient notre langue et, pendant de nombreux étés, ils sont venus pour nous parler du dehors et tout savoir sur nous. Pourquoi nous étions ici, comment nous vivions, comment nous survivions aux hivers. Ils voulaient savoir comment nous fabriquions nos vêtements et nos outils. Ils nous ont fait des cadeaux : un nouveau couteau. Une scie. Des vêtements. Des chaussures. Des livres, des images et d'autres outils. Nous avons accepté le couteau, quelques outils et les vêtements. Ils avaient un appareil avec lequel on peut capturer des images.

Ils nous ont trouvés, Père, Sacha et moi, dans la forêt, et ils nous ont capturés. Dans l'appareil. Je l'ai vu de mes yeux. Père connaissait cet appareil du temps d'avant, mais différemment. Sacha et moi ne le connaissions pas. L'appareil est une œuvre de magie, je ne sais pas vraiment si Dieu est d'accord avec ça. Mais le Dr Jelena a dit que ce n'était pas un péché de se retrouver dans l'appareil et, de là, sur les images. Elle m'en a offert une. Une photographie. Mais je l'ai brûlée jadis. Avoir une image de moi, cela me semblait quand même être un péché. N'est-ce pas vanité que de se contempler soi-même ? A-t-on le droit de posséder une autre image que celle de Dieu ? Et puis, je me suis dit que Dieu était dans toute chose. Qu'il s'exprime à travers toute chose. Y compris à travers moi. Et que cette image était donc aussi une image de Dieu. Ensuite, je me suis rendu compte que cette femme capturée n'était pas celle que je suis maintenant. Cet instant est révolu depuis longtemps. Dieu n'est pas figé. Dieu est mouvement. Changement. Voilà pourquoi j'ai brûlé l'image. L'orthodoxie, c'est autre chose.

Le Dr Jelena nous a raconté que les gens de la ville avaient construit un gros oiseau en métal. Cet oiseau s'appelle fusée. Avec cet oiseau fusée, les gens sont allés jusque sur la Lune ! Je dois la croire, et je voudrais bien d'ailleurs. Mais cela me semble tellement inouï. Comment l'être humain pourrait-il faire une chose pareille ? Et pourquoi aller sur la Lune ? Alors que tout ce dont il a besoin est ici. Le Dr Jelena a aussi dit qu'il existait des appareils dans lesquels on dit des mots et par lesquels sortent des mots. On doit composer un numéro, le numéro de quelqu'un qui se trouve très loin de là. Et ensuite, on peut lui parler comme si on était assis avec lui sous un arbre. Je n'ai pas besoin de cet appareil, je peux toujours entendre Dieu et les miens à moi.

Le Dr Jelena m'a aussi montré des images. D'immenses amas de villes. Elles s'appellent Moscou. Et Paris. J'ai oublié les autres. Tout n'y est qu'entassement et empilement, et tout grouille sans but comme dans une fourmilière.
Les étés en compagnie du Dr Jelena et de Vladimir Sergeïevitch étaient riches en échanges, nous avions plaisir à être ensemble. En hiver, ils retournaient dans leur ville parce qu'ils ne supportaient pas le froid.

Un hiver, Père est tombé malade. Je lui ai préparé des compresses aux plantes. Je lui ai fait des cataplasmes. Mais rien n'y a fait. Il est mort une nuit de pleine lune. La neige était haute et la forêt claire. *Assienka, mienne à moi.* Tels ont été ses derniers mots. Il faisait très froid et il n'y avait pas moyen de lui creuser une tombe avant l'été. Alors nous l'avons allongé dehors, enveloppé de neige et arrosé avec de l'eau jusqu'à ce qu'il soit complètement recouvert de glace. Pour que les animaux ne puissent pas s'en prendre à lui.

Sacha et moi étions seuls désormais. Et tout s'est alors comme décomposé. Il est devenu brutal et sombre. Une nuit, il m'a prise pour femme. Il voulait se multiplier ainsi que le dit la Bible. Il disait : Nous allons sinon disparaître. Père nous avait toujours enseigné que c'est péché quand un frère et une sœur se connaissent. Mais Père n'était plus là et Sacha est devenu violent. Nous devons faire des enfants, a-t-il dit. Je lui ai dit que je ne saignais plus. Que je ne pourrais plus me multiplier. Mais Sacha ne comprenait pas la nature du corps d'une femme. Il m'en voulait d'être infertile et me battait souvent.

La glace a fondu et, sous la couche de neige, Père a reparu. Nous lui avons creusé une tombe. Au fond, j'ai déposé de la mousse et des herbes. Sacha a fait la croix. Quand nous avons mis Père en terre, il m'a semblé que son regard sévère était posé sur moi. Nous avons prié. Tiens-toi à l'écart de moi, ai-je dit. Oui, a dit Sacha.

Quand le Dr Jelena est revenue avec son assistant, l'été suivant, elle a remarqué qu'il s'était produit quelque chose. Mais elle a pensé que c'était parce que Père était mort. Quand Sacha s'est plaint de douleurs sur le côté, le Dr Jelena a dit que c'étaient les reins. Elle lui a donné un remède. Mais ça ne s'est pas amélioré. La nuit, Sacha se tordait de douleur et maudissait le Dr Jelena et son remède. Il était trop faible pour être violent, mais il y avait en lui le même tourbillon que dans les eaux d'une cascade. Alors, le Dr Jelena nous a proposé de l'accompagner dans une ville où il y avait de meilleurs remèdes et un immeuble où les malades pouvaient recouvrer la santé. Mais Sacha ne voulait pas. Moi non plus. Il ne s'était pas encore écoulé deux lunes que Dieu avait aussi rappelé Sacha à lui. Je lui ai creusé une tombe. Le Dr Jelena et son assistant voulaient m'aider, mais c'était à moi de le faire. Puisqu'il était mon frère. J'ai creusé une tombe pour lui. Je l'ai mis en terre. Je lui ai fait une croix et tressé une couronne. Désormais, ils étaient tous là. J'étais la dernière des miens à moi.

Il était temps, les arbres perdaient leurs feuilles.

Le Dr Jelena et son assistant sont les seuls Autres que je connaisse. Après la mort de Père et de Sacha, après que Dieu les a rappelés à lui, ils sont partis eux aussi. Le pays ne voulait plus leur donner d'argent pour qu'ils viennent nous voir. Nous avions tous le cœur lourd. Ils voulaient m'emmener avec eux. Dans leur ville. Mais j'ai dit : Laissez-moi ici. S'il vous plaît. Ma place est ici. Je ne connais rien d'autre que Dieu, cette forêt et ces animaux. Alors, les yeux du Dr Jelena se sont remplis de pluie. Elle m'a donné ce carnet et ce crayon et la photographie. Et j'ai dit : C'est bien. Partez, allez. Et ils sont partis avant que la neige ne tombe. Je les ai regardés s'éloigner en agitant la main. Aucun Autre n'est venu depuis.

Mais un jour, tu viendras, je le sais, tu viendras et tu me porteras au sommet de la colline, auprès des miens à moi. Je suis vieille et je suis faible, et mes dents sont vieilles et faibles elles aussi. J'ai de la peine à m'alimenter. Je sais que je ne verrai pas le printemps. Quand tu me trouveras, je t'en prie, portemoi auprès des miens à moi. Je me suis déjà creusé une tombe. Il y a longtemps, quand j'avais encore assez de force. J'ai aussi une croix toute prête. Elle est ici, à côté du lit. Mon nom est inscrit dessus. Je suis Assia. Ceci était ma vie. Cet hiver était mon soixante-dixième hiver.

TRADUCTION DES PASSAGES EN LANGUE ÉTRANGÈRE

IL COMANDANTE

p. 13 - *I even did my hair for you…* : Je me suis même coiffée pour toi. J'espère qu'il y aura du banana split au paradis.
p. 20 - *Hello, my friend* : Salut l'ami !
Buenos dias, amigo : Bonjour l'ami !
What can you offer me today ? : Qu'est-ce que vous avez pour moi, aujourd'hui ?
Fish and… ? : Du poisson et… ?
Pescado y patatas fritas, muy bien… : Du poisson et des frites, très bien… !
p. 24 - *Hola, beautiful donna…* : Bonjour jolie demoiselle, comment ça va ? C'est une belle journée, pas vrai ? Faites une petite pause, venez vous asseoir sur le banc.
p. 25 - *Why not* : Pourquoi pas.
Hablas español?… : Vous parlez l'espagnol ? – Non, pas l'espagnol mais l'italien, un peu. Je parle un peu l'italien. – L'italien, c'est parfait. Bonjour. – Voulez-vous que je pousse votre fauteuil ?
Ohhh it's so good, the sun… : Que c'est bon le soleil ! – Qu'est-ce que vous faites ? – Je bois le soleil. – Pardon ? – Essaie chérie, c'est trop bon.

Good… : C'est bon ? – Mmh – Alors chérie, tu sens ? – Je sens surtout…

p. 26 - *Why are you so sad… ?* : Pourquoi es-tu si triste ?

I have cancer… : J'ai un cancer. – Oui, je vois ça. – Je vais peut-être mourir.

You will die… : Tu mourras à coup sûr, chérie. Tout le monde meurt… Je m'appelle César et je suis très heureux de t'avoir rencontrée avant que tu ne meures.

p. 27 - *My favourite !* : Ma préférée !

An apple a day keeps Kehlmann away : Une pomme par jour éloigne le Dr Kehlmann.

p. 28 - *Ready for…* : Prête pour le dessert ? César – Oui Comandante. J'ai besoin d'un café. Rendez-vous dans 10 minutes @ Café Bistro ? – Oui, chérie.

p. 29 - *Hello, my sweetheart* : Bonjour ma belle !

Por favor, señor Cesar… : S'il vous plaît, monsieur César. – Merci. – De rien.

How are you today, sweetheart ? : Comment tu te sens aujourd'hui, ma belle ?

And you ? : Et toi ?

I am happy : Je suis heureux.

Fucking hell, I love this shit : Putain, j'adore cette saloperie.

Bad news ?… : Mauvaise nouvelle ? – Non, bonne nouvelle. – Pourquoi tu es si triste alors ?

I am not sad… : Je ne suis pas triste. Je suis en colère après mon copain. – Pourquoi ? – Il n'est pas venu depuis un moment.

p. 30 - *He's coming on Saturday* : Il vient samedi.

Tell him, you are happy… : Dis-lui que tu es heureuse de le voir bientôt. Fais-le.

Hey ! You are a very pretty woman… : Hé ! Tu es vraiment une belle femme. – Plus maintenant. – Tes cheveux repousseront. – J'sais pas. Je vais avoir encore plus de chimio. – Ça va aller.

p. 31 - *Look at me* : Regarde-moi.

You see : Tu vois.

Wait : Attends.

Vamos! Pronto, pronto! : Allez viens, vite, vite!

No! Cesar, no!... : Non! César, non! – Essaies-en une, vas-y.

... *it's itchy,* et *look, they are all very, very ugly...* ça gratte et en plus elles sont toutes immondes. Tu comprends? C'est un look de grand-mère.

... *but* jolis cheveux... : mais quelque chose de joli, pas une perruque de mémé pour cette madame.

p. 32 - *That'll do* : Ça fera l'affaire.

Some make-up, maybe?... : Un peu de maquillage peut-être? – Bingo, chérie.

I love the Internet : J'adore Internet.

Do you smoke? : Tu fumes?

p. 33 - *Hola Comandante...* : Bonjour Comandante, tu veux aller à l'église avec moi?

p. 34 - *Church?...* : À l'église? – Je passe te prendre dans 10 minutes. – Ça marche ma belle.

Are you okay? : Tu vas bien?

Yes, very much okay. Muy bien : Oui, très bien. Ça va. Tout baigne.

Let's go then... : Alors c'est parti. – Jolie coiffure.

Beautiful. Very beautiful. Thank you : C'est beau. Très beau. Merci.

Muchas gracias : Merci beaucoup.

p. 35 - *Do you have children?...* : Tu as des enfants? – Non.

p. 37 - *I even did my hair for you...* : Je me suis même coiffée pour toi. J'espère qu'il y aura du banana split au paradis.

COW-BOY ET INDIEN

p. 45 - *Tested in the lab. Proven on the field* : Testé en laboratoire. Prouvé dans la pratique.
p. 48 - *This is KFMA ninety two new rock* : Vous êtes sur KFMA 92, la radio du rock…
Sleep with one eye open… : Ne dors que d'un œil / Ton oreiller bien serré contre toi.
Exit light… : Plus de lumière / La nuit arrive / Prends ma main / Nous partons pour le pays imaginaire.
It's just the beasts under your bed… : Ce sont juste les bêtes sous ton lit / Dans ton placard, dans ta tête…
p. 60 - *Look at this. OMG* : Regarde ça. Mon Dieu.
p. 61 - *DINNER-Shuttle : All you can eat 10,99 $* : Navette restaurant : buffet à volonté pour seulement 10,99$.
all you need : tout ce qu'il vous faut.
p. 67 - *Be water, my friend* : Sois comme de l'eau, mon ami.
p. 69 - VACANCY : CHAMBRES.
p. 70 - *Frozen margarita* : margarita glacée.
p. 77 - *RAPIST* : VIOLEUR.
p. 78 - *Best food in town* : Meilleur resto de la ville.
p. 84 - *Howdy…* : Salut…
p. 86 - *Time to say…* : Il est temps de se dire au revoir.

STELLA POLARIS

p. 98 - *cumme, cazzo…* : (Jurons napolitains.)
p. 101 - *porca puttana…* : *(Idem.)*
p. 102 - *cazzi* : *(Idem.)*
Make it so : Fais-le.

FEUX D'ARTIFICE

p. 144 - *Commencing countdown, engines on* : Amorce du compte à rebours. Moteurs allumés.

STARCODE RED

p. 174-175 - *Hej!...* : Salut ! – Salut Eileen. – J'aimerais faire l'amour avec Roberto, ça te dérangerait de passer un moment ailleurs ? – Tu as fini mon shampoing. – J'en achèterai un autre... – D'accord. – Et ce soir, alors ? C'est bon pour toi ? – Oui bien sûr. Accorde-moi une minute et je m'éclipse. – Tu es adorable.

Identity Card : carte de bord.

p. 176 - *What is it?...*: Qu'est-ce que c'est ? – Des aubergines.

p. 177 - *Shooting in Baltimore...* : Fusillade à Baltimore, 13 morts.

Thank you : Merci.

No, I thank... : Non, c'est moi...

Starcode Red. Starcode Red... : Code rouge. Code rouge. Pont n° 5. Cabine : 5210.

p. 178 - *You come Ice Party, tomorrow?* : Tu viens à la soirée Glace demain ?

Attention : *Passengers beyond this point* : Attention : derrière cette porte, zone passagers.

p. 179 - *Sorry, Nenita* : Pardon, Nenita.

Something happen? Me some trouble? : Quelque chose ne pas aller ? Problèmes pour moi ?

No. Just a Starcode Red. Don't worry : Non, juste un code rouge. Ne t'inquiète pas.

Tomorrow Icebarparty... : Demain soirée Glace. Tu venir ? – Oui, toi aussi ?

See you : À plus.

You are not wearing… : Vous ne portez pas votre uniforme. Dans les zones passagers, vous devez porter votre uniforme. – Oui, mais jusqu'à 22 heures, seulement.

Entertainment : Animation.

p. 179-180 - *What time is it?…* : Quelle heure est-il ? – 21 h 55. – Allez, pour cinq minutes. – Désolé m'dame.

p. 181 - *Stage manager* : régisseur.

p. 182 - *Keep them entertained, keep them happy, keep them fed, keep them drunk* : Il faut qu'ils soient constamment amusés, heureux, rassasiés et saouls.

Female corpse… : Cadavre de femme retrouvé dans une cabane d'ermite… en Sibérie.

p. 184 - *Step off the rail!* : Descendez du bastingage !

We don't want no Oscar-Oscar… : On ne veut pas d'homme à la mer, ici ! Compris ? – Oui.

This water is very cold… : L'eau est extrêmement froide. Vous ne survivriez pas plus de dix minutes. Compris ? – Oui. – Alors ne vous asseyez pas sur le bastingage. Votre nom et numéro de cabine, s'il vous plaît.

p. 187 - *No grouping!* : Pas de regroupement !

p. 188 - *Smile* : Souris.

Fuck you : Va te faire foutre.

p. 191 - *You seen it? Luxury cabin?…* : Tu déjà vue ? Cabine de luxe ? – Non. – C'est grand et beaucoup de lumière. Bouquet de vraies fleurs. Champagne. Chocolats. Des chocolats pour une veuve ? Capitaine est bête. Tu sais, quand mari mort, tu pas vouloir des chocolats !

Have fun : Amuse-toi bien.

p. 194 - *Attention crew, attention crew…* : Équipage attention, équipage attention. Exercice, exercice, ceci est un exercice, bravo, bravo, bravo. Équipage attention, équipage attention. Exercice, exercice, ceci est un exercice…

p. 194-195 - *Have they checked…* : Ils ont déjà fait l'appel ? – Non. – Cool. – Tu es toujours en retard. – Non, pas toujours. – Si, toujours.

You go to Leknes ? : Tu vas à Leknes ?

The weather is shitty : Il fait un temps pourri.

Look ! : Regarde !

I know. I need a walk : Je sais. J'ai besoin de marcher un peu.

See you later… : À plus tard – Amuse-toi bien – Salut.

p. 196 - *No WiFi. No Toilet* : Pas de wifi. Pas de toilettes.

Been there : J'étais là.

p. 198 - *Vista point* : belvédère.

Beautiful : magnifique.

BÊTES FÉROCES, BÊTES FAROUCHES

p. 212 - *Your own personal Jesus…* : Ton propre Jésus / Quelqu'un pour entendre tes prières / Quelqu'un qui est présent.

p. 213 - *Reach out and touch faith…* : Tends les mains et ressens la foi…

TMI – *Too much information* : Trop d'informations.

p. 227 - *squirrel* : écureuil.

(Traduction : Héléna Henry)

MERCI.
À Julia Eichhorn et Lina Muzur pour leur patience, leur confiance et leur coup de patte.
À Hanser, mon éditeur et navire éclaireur. À Actes Sud pour avoir eu le courage de publier des nouvelles. Et à ma traductrice Isabelle Liber pour avoir cherché sans relâche le mot juste.
À Sandra pour ses chansons, sa présence et son amitié. À Saša pour la toute dernière minute. À Gregorvitch pour les Lofoten. À Simonika pour tous les cafés de sauvetage. À ma famille pour la famille.
À Daniel pour son amour, son regard et son calme.
- – -ouaf ouaf ouaf- – -

Ouvrage réalisé par l'atelier graphique Actes Sud, reproduit et achevé d'imprimer en mars 2017 par Normandie Roto Impression s.a.s. à Lonrai pour le compte des éditions Actes Sud, Le Méjan, place Nina-Berberova, 13200 Arles.
Dépôt légal 1re édition : avril 2017
N° impr. : 1700402
(Imprimé en France)